职业院校汽修专业通用教材
项目驱动、任务引领型教材

QI CHE FA DONG JI DIAN KONG XI TONG JIAN XIU

（微课版）

汽车发动机电控系统检修

上海景格科技股份有限公司 编

华东师范大学出版社
·上海·

图书在版编目(CIP)数据

汽车发动机电控系统检修/上海景格科技股份有限公司编. —上海：华东师范大学出版社,2018
ISBN 978-7-5675-7648-3

Ⅰ.①汽… Ⅱ.①上… Ⅲ.①汽车-发动机-电子系统-控制系统-检修-职业教育-教材 Ⅳ.①U472.43

中国版本图书馆CIP数据核字(2018)第079579号

汽车发动机电控系统检修

编　　者	上海景格科技股份有限公司
项目编辑	李　琴
审读编辑	戎甘润
责任校对	朱　鑫
装帧设计	庄玉侠
出版发行	华东师范大学出版社
社　　址	上海市中山北路3663号　邮编 200062
网　　址	www.ecnupress.com.cn
电　　话	021-60821666　行政传真 021-62572105
客服电话	021-62865537　门市(邮购)电话 021-62869887
地　　址	上海市中山北路3663号华东师范大学校内先锋路口
网　　店	http://hdsdcbs.tmall.com
印 刷 者	杭州日报报业集团盛元印务有限公司
开　　本	787毫米×1092毫米　1/16
印　　张	19
字　　数	406千字
版　　次	2018年8月第1版
印　　次	2023年7月第5次
书　　号	ISBN 978-7-5675-7648-3/G·11069
定　　价	45.00元
出 版 人	王　焰

(如发现本版图书有印订质量问题,请寄回本社客服中心调换或电话 021-62865537 联系)

内容简介
NEIRONGJIANJIE

  本教材根据职业教育理实一体化课程改革的指导思想,强调以实践为主,理论为辅。筛选典型的工作任务,选取最贴近生产实际的案例设计课程内容,让学生在做中掌握解决问题的方法和技能,是汽车运用与维修专业理实一体化项目课程教材。

  本教材以汽车发动机电控系统检修为内容,主要包括:发动机电控系统检修基础、进气系统检修、燃油供给系统检修、电控点火系统检修、怠速控制系统检修、排放控制系统检修、汽油机电控系统常见故障诊断7个典型项目。

  本教材主要供职业院校汽车运用与维修等专业教学使用,还可以作为汽车维修人员和汽车技术爱好者自学用书。

前言
QIANYAN

  党的二十大报告指出"加快建设制造强国、质量强国、航天强国、交通强国、网络强国、数字中国",汽车产业是交通强国的重要组成部分,近几年汽车销售量不断提升,2022年我国汽车保有量达到3.02亿辆。按照一般数据统计,汽车保有量与后市场维修服务技术人员比例约为30∶1,根据我国汽车保有量的增长数据推算,至2030年前我国每年新增汽车维修类技能人才需求应在30万人以上,汽车后市场的技术技能人才需求量持续增加。职业教育承担为社会培养知识和能力兼备的技术技能型人才的重要任务,汽车技能型人才持续培养输出成为职业教育汽车相关专业建设的重要一环。本系列教材在汽车产业人才培养过程中将以市场为导向,以实践为驱动,旨在培养出高标准、高职业技能、高职业素养的优秀复合型人才。

  根据《国家中长期教育改革和发展规划纲要(2010—2020年)》的精神,为了推进职业教育课程改革和教材建设进程,我们将理实一体化课程改革理念作为职业教育课程改革的主导理念,以工作任务为课程设置与内容选择的参照点,以任务为单位组织内容并以任务活动为主要学习方式,编写汽车运用与维修专业的系列课程教材。本教材既是汽车各专业必修的核心课程教材之一,也是上述系列课程教材之一。

  本系列课程教材与项目课程教学软件的设计和编制同步进行,是任务课程教学软件的配套教材。

  本项目课程教材的主要特色有:

1. 课程强调以实践为主,理论为辅。
2. 以能力为本位,以就业为导向,面向最贴近生产实际的教学任务。
3. 体现做中学的教学理念。

4. 目的在于教会学生对汽车故障现象的判断能力,表现为:①会做;②掌握为什么这样做。

5. 以职业院校覆盖面较广的丰田卡罗拉车型教具为范例,以车间典型工作任务为教学内容,教会学生完成任务所需的知识与技能,其他车型车系可举一反三。

6. 课程设计采用文字、图像、动画,以及视频、虚拟仿真等多媒体教学形式,形成纸质教材、教学 PPT、教学资源包、虚拟仿真软件相互配套的课程包。

本课程是校企合作共同开发的课程,适应各地职业院校汽车运用与维修等专业教学,希望各校在选用本项目课程教材实施教学的过程中,及时提出意见和建议,以便我们在修订时改正和完善。

编者

2023.08

目　录

项目一　发动机电控系统检修基础 ·· 1
　项目导入 ·· 1
　学习目标 ·· 2
　学习任务 ·· 2
　　学习任务 1　发动机电控系统认识 ································ 3
　　学习任务 2　随车诊断系统介绍 ·································· 13
　　学习任务 3　常用检测仪器及设备介绍 ·························· 19
　学习拓展 ·· 33

项目二　进气系统检修 ·· 35
　项目导入 ·· 35
　学习目标 ·· 36
　学习任务 ·· 36
　　学习任务 1　进气系统基本检查 ································· 37
　　学习任务 2　空气流量传感器检修 ······························ 44
　　学习任务 3　电子节气门检修 ···································· 53
　　学习任务 4　油门踏板位置传感器检修 ························· 60
　　学习任务 5　涡轮增压检测 ······································· 68
　　学习任务 6　VVT 执行器检修 ··································· 74

项目三　燃油供给系统检修 ·· 85
　项目导入 ·· 85
　学习目标 ·· 86
　学习任务 ·· 86
　　学习任务 1　燃油系统压力检测 ································· 87
　　学习任务 2　燃油滤清器更换 ···································· 95
　　学习任务 3　油压调节器检修 ···································· 101
　　学习任务 4　电动燃油泵检修 ···································· 106
　　学习任务 5　喷油器检修 ·· 118

学习任务 6　冷却液温度传感器检修 …………………………………………… 129
　　学习拓展 ………………………………………………………………………………… 137

项目四　电控点火系统检修　　　　　　　　　　　　　　　　　　　　141

　　项目导入 ………………………………………………………………………………… 141
　　学习目标 ………………………………………………………………………………… 142
　　学习任务 ………………………………………………………………………………… 142
　　　学习任务 1　电控点火系统认识 ………………………………………………… 143
　　　学习任务 2　点火线圈和火花塞检修 …………………………………………… 149
　　　学习任务 3　曲轴位置传感器检修 ……………………………………………… 163
　　　学习任务 4　凸轮轴位置传感器检修 …………………………………………… 174
　　　学习任务 5　爆震传感器检修 …………………………………………………… 182
　　　学习任务 6　点火正时检查 ……………………………………………………… 190
　　学习拓展 ………………………………………………………………………………… 196

项目五　怠速控制系统检修　　　　　　　　　　　　　　　　　　　　　201

　　项目导入 ………………………………………………………………………………… 201
　　学习目标 ………………………………………………………………………………… 202
　　学习任务 ………………………………………………………………………………… 202
　　　学习任务 1　怠速控制系统认识 ………………………………………………… 203
　　　学习任务 2　怠速控制系统检修 ………………………………………………… 210
　　学习拓展 ………………………………………………………………………………… 216

项目六　排放控制系统检修　　　　　　　　　　　　　　　　　　　　　219

　　项目导入 ………………………………………………………………………………… 219
　　学习目标 ………………………………………………………………………………… 220
　　学习任务 ………………………………………………………………………………… 220
　　　学习任务 1　排放控制系统认识 ………………………………………………… 221
　　　学习任务 2　曲轴箱通风检查 …………………………………………………… 226
　　　学习任务 3　氧传感器和三元催化器检测 ……………………………………… 233
　　　学习任务 4　燃油蒸发排放控制系统检测 ……………………………………… 245
　　　学习任务 5　废气再循环系统检修 ……………………………………………… 252
　　学习拓展 ………………………………………………………………………………… 259

项目七　汽油机电控系统常见故障诊断　　　　　　　　　　　　　　　　263

　　项目导入 ………………………………………………………………………………… 263

学习目标……………………………………………………………… 264
学习任务……………………………………………………………… 264
　　学习任务1　发动机无法起动 ……………………………………… 265
　　学习任务2　发动机起动困难 ……………………………………… 275
　　学习任务3　发动机怠速不稳 ……………………………………… 281
　　学习任务4　发动机加速不良 ……………………………………… 289

项目一　发动机电控系统检修基础

项目导入

现代汽车发动机广泛采用了电子控制系统(以下简称电控系统),系统功能包括燃油喷射控制、点火控制、怠速控制、废气再循环控制(Exhaust Gas Recirculation,简称EGR)、配气正时控制、可变进气控制等。电控系统工作是否正常,直接关系到发动机的运转情况,因此,发动机电控系统的检修是发动机维修作业的一项重要内容。

本项目主要介绍发动机电控系统基本知识,包括发动机电控系统的组成及功能、随车诊断系统知识、发动机电控系统常用检测仪器及设备等。

汽车发动机电控系统介绍

学习目标

素养目标
- 了解安全操作要求,养成安全文明操作的习惯。
- 养成组员之间互相协作的习惯。
- 实施操作结束后,清洁工具,并将工具设备归位,清洁场地。

技能目标
- 能够规范使用常用汽车检测仪器及设备对车辆进行检测。

知识目标
- 能正确介绍发动机电控系统的组成和功能。
- 能正确叙述随车诊断系统的基本概念和工作原理。
- 能够掌握仪器设备的工作原理。

学习任务

学习任务 1
◇ 发动机电控系统认识

学习任务 2
◇ 随车诊断系统介绍

学习任务 3
◇ 常用检测仪器及设备介绍

学习任务 1　发动机电控系统认识

任务目标
- 了解发动机电控系统的组成和工作原理。
- 能正确识别发动机电控系统的主要零部件。

学习重点
- 发动机电控系统的组成和工作原理。

发动机电控系统包括传感器、发动机电子控制单元(Electronic Control Unit,简称ECU)和执行器,如图1-1所示。发动机在运行时,电子控制单元(ECU)接收各传感器送来的发动机工况信号,根据ECU内部预先编制的控制程序和存储的数据,通过计算、处理、判断,确定适应发动机工况的喷油量(喷油时间)、点火提前角等参数,并将这些数据转变为电信号,向各个执行器发出指令,从而使发动机保持最佳运行状态,如图1-2所示。

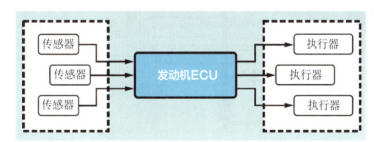

图1-1　发动机电控系统组成示意图

1. 发动机电控系统组成

发动机电控系统主要包括燃油喷射控制系统、点火控制系统、怠速控制系统、进气控制系统、排放控制系统、巡航控制系统、警告提示系统、自诊断与报警系统、失效保护系统、应急备用系统等。

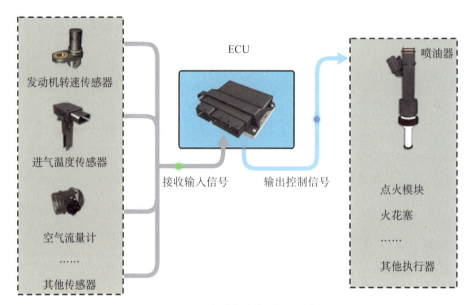

图1-2 发动机电控系统功能

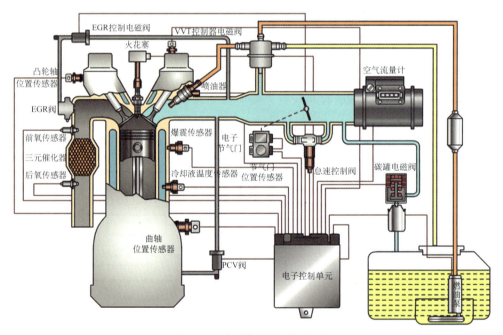

图1-3 发动机电控系统组成

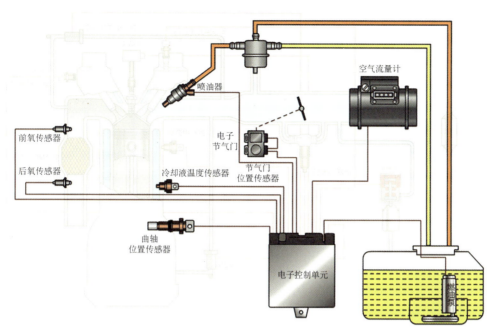

图1-4 电控燃油喷射系统组成

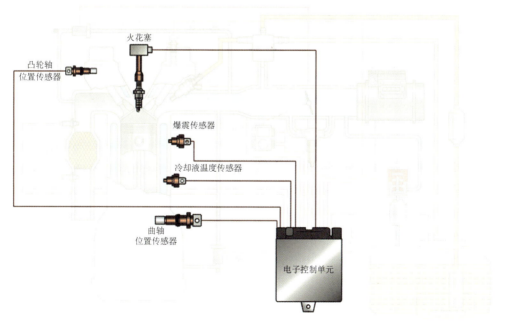

图1-5 电控点火系统组成

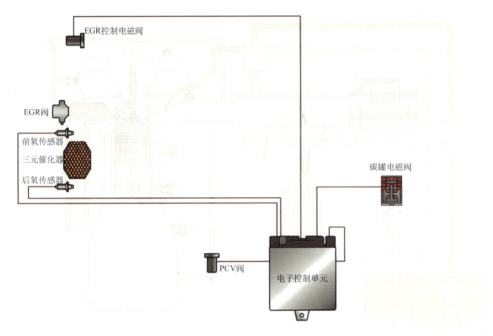

图 1-6 排放控制系统组成

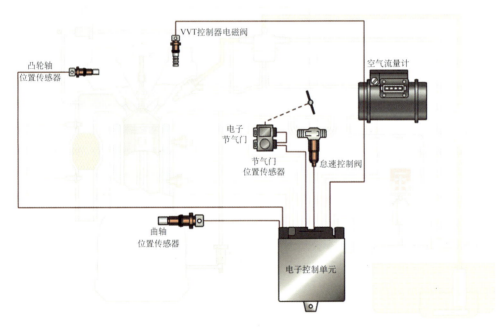

图 1-7 进气控制系统组成

2. 发动机电控系统布置

丰田卡罗拉车发动机电控系统布置如图 1-8、图 1-9 所示。各传感器具体位置如下所述：

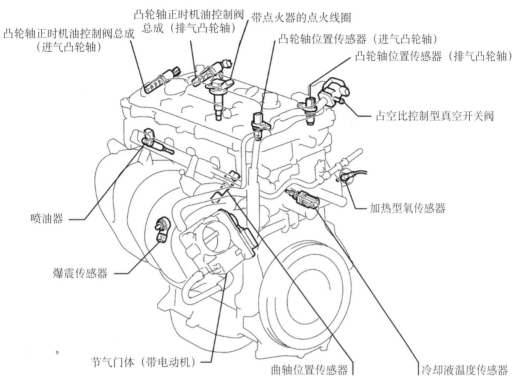

图1-8 丰田卡罗拉(1ZR-FE)发动机电控系统传感器及部分执行器的位置

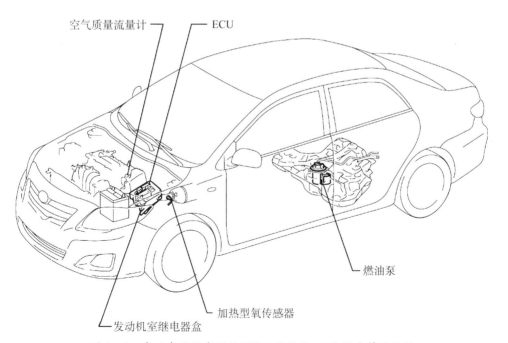

图1-9 丰田卡罗拉车型的ECU、燃油泵、继电器盒等的位置

- 曲轴位置传感器——曲轴前端、皮带轮后，或曲轴后端、飞轮前。
- 凸轮轴位置传感器——凸轮轴前端或后端。
- 空气流量计——空气滤清器后、节气门前的进气管中。
- 进气压力传感器——节气门后的进气管上。
- 节气门位置传感器——节气门轴的一端。
- 冷却液温度传感器——缸体或缸盖水套上。
- 爆震传感器——缸体一侧或缸盖表面。
- 氧传感器——排气管上。

任务实施

（一）实施方案

1. 质量要求

参照厂家的质量标准要求。

2. 组织方式

每四位同学一组，认识发动机电控系统各传感器、执行器、ECU 的位置。每组作业时间为　20　分钟。

3. 作业准备

（1）技术要求与标准：

① 能够熟练找出卡罗拉车上各传感器、执行器、ECU、电动燃油泵、继电器盒；

② 习惯性使用"三件套"、发动机舱防护罩等汽车防护物品，养成良好职业习惯；

③ 养成"采取安全防护措施"的习惯；

④ 养成工具、零部件、油液"三不落地"的职业习惯，工具及拆下的零部件等都应整齐地放置在工具车及零件盘中。

（2）场地设施：消防设施的场地。

（3）设备设施：2007 款卡罗拉 1.6AT 或电控发动机台架一部，举升机一台。

（4）耗材：干净抹布。

（二）操作步骤

（1）打开车门，铺好"三件套"，拉动发动机舱盖手柄。

（2）打开发动机舱盖，铺好发动机舱防护罩，拆下发动机护板。

（3）找出空气滤清器、进气管道，并观察其结构及布置。

（4）找出空气流量计（或进气压力传感器）、节气门及节气门位置传感器、凸轮轴位置传感器、冷却液温度传感器、爆震传感器，并观察其各自的位置和连接线。

（5）找出各喷油器、怠速阀、点火模块（或点火线圈与点火模块的合成体），并观察其各自的位置。

(6) 找出发动机舱内(或驾驶室仪表板下方)的配电盒(或称继电器盒),打开盖板,观察各继电器、熔断丝(俗称保险丝)的位置,见图1-10。

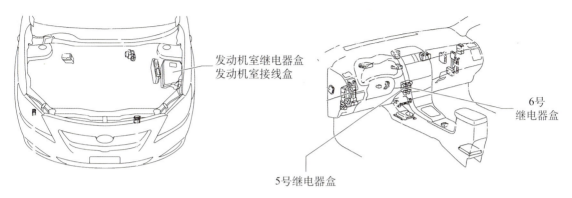

图1-10 发动机室继电器盒位置(图左),驾驶室继电器盒位置(图右)

(7) 找出发动机舱内(或驾驶室仪表板下方)的ECU,观察其安装位置。
(8) 拆下后排座椅垫总成,拆卸后地板检修孔盖,观察燃油箱及电动燃油泵有无泄漏。
(9) 按照举升机的操作要求采取相应的安全防护措施,用举升机举升车辆。
(10) 从车辆底部找出曲轴位置传感器、氧传感器,并观察其各自的位置。
(11) 按照相反的顺序将汽车及举升机复位,并检查复位状况是否良好。

知识链接

汽车中的电控技术及其发展趋势

近年来,随着电子技术、计算机技术和信息技术的广泛应用,汽车电子控制技术得到了迅猛的发展,尤其在控制精度、控制范围、智能化和网络化等多方面有了较大突破。汽车电子控制技术已成为衡量现代汽车发展水平的重要标志。

一、系统介绍

汽车电子控制系统基本由传感器、电子控制器(ECU)、驱动器和控制程序软件等部分组成,与车上的机械系统和机电系统配合使用(通常与动力系统、底盘系统和车身系统中的子系统融合),并利用电缆或无线电波互相传输讯息,即所谓的"机电整合",如电子燃油喷射系统、制动防抱死控制系统、防滑控制系统、电子控制悬架系统、电子控制自动变速器、电子助力转向等。

传统内燃机驱动汽车电子控制系统大体可分为四个部分:发动机电子控制系统、底盘综合控制系统、车身电子安全系统、信息通讯系统。其中,前两种系统与汽车的行驶性能有直接关系。

新能源汽车电子控制系统大体可分为四个部分：电池控制与驱动控制系统、底盘综合控制系统、车身电子安全系统、信息通讯系统。

二、发展趋势

随着集成控制技术、计算机技术和网络技术的发展，汽车电子技术已明显向集成化、智能化和网络化三个主要方向发展。

（一）集成化

近年来嵌入式系统、局域网控制和数据总线技术的成熟，使汽车电子控制系统的集成成为汽车技术发展的必然趋势。将发动机管理系统和自动变速器控制系统，集成为动力传动系统的综合控制；将制动防抱死控制系统、牵引力控制系统和驱动防滑控制系统综合在一起进行制动控制；通过中央底盘控制器，将制动、悬架、转向、动力传动等控制系统通过总线进行连接，控制器通过复杂的控制运算，对各子系统进行协调，将车辆行驶性能控制到最佳水平，形成一体化底盘控制系统。

（二）智能化

智能化传感技术和计算机技术的发展，加快了汽车的智能化进程。汽车智能化相关的技术问题已受到汽车制造商的高度重视。其主要技术中"自动驾驶仪"的构想必将依赖于电子技术实现。智能交通系统（ITS）的开发将与电子、卫星定位等多个交叉学科相结合，它能根据驾驶员提供的目标资料，向驾驶员提供距离最短而且能绕开车辆密度相对集中处的最佳行驶路线。它装有电子地图，可以显示出前方道路、并采用卫星导航。从全球定位卫星获取沿途天气、车流量、交通事故、交通堵塞等各种情况，自动筛选出最佳行车路线。

（三）网络化

随着电控器件在汽车上越来越多的应用，车载电子设备间的数据通信变得越来越重要。以分布式控制系统为基础构造汽车车载电子网络系统是十分必要的。大量数据的快速交换、高可靠性及低成本是对汽车电子网络系统的要求。在该系统中，各子处理机独立运行，控制改善汽车某一方面的性能，同时在其他处理机需要时提供数据服务。主处理机收集整理各子处理机的数据，并生成车况显示。

任务小结

1. 发动机电控系统组成

发动机电控系统包括传感器、发动机电子控制单元（ECU）和执行器。发动机电控系统主要包括燃油喷射控制系统、点火控制系统、怠速控制系统、进气控制系统、排放控制系统、巡航控制系统、警告提示系统、自诊断与报警系统、失效保护系统、应急备用系统等。

2. 传感器具体位置

(1) 曲轴位置传感器——曲轴前端、皮带轮后，或曲轴后端、飞轮前。

(2) 凸轮轴位置传感器——凸轮轴前端或后端。

(3) 空气流量计——空气滤清器后、节气门前的进气管中。

(4) 进气压力传感器——节气门后的进气管上。

(5) 节气门位置传感器——节气门轴的一端。

(6) 水温传感器(冷却液温度传感器)——缸体或缸盖水套上。

(7) 爆震传感器——缸体一侧或缸盖表面。

(8) 氧传感器——排气管上。

任务评价

（一）课堂练习

1. 判断题

(1) 进气控制不是发动机管理系统的控制功能。（   ）

(2) 发动机管理系统包括传感器、发动机电子控制单元(ECU)和执行器。（   ）

(3) 喷油量控制是指对各缸喷油器的喷射时间进行控制。（   ）

(4) 可变进气控制系统主要包括动力阀控制系统和进气谐振系统。（   ）

(5) 1ZR-FE 发动机只有进气 VVT-i。（   ）

2. 单选题

(1) 下面各项中哪个不是燃油喷射系统的功能？（   ）。
    A. 喷油量控制　　　　　　　　B. 喷油正时控制
    C. 燃油泵控制　　　　　　　　D. 发动机怠速控制

(2) 下面各项中哪个不是点火控制系统的控制功能？（   ）。
    A. 点火提前角控制　　　　　　B. 点火能量控制
    C. 油压控制　　　　　　　　　D. 爆震控制

(3) 发动机冷却液温度越低，则怠速(   )。
    A. 越高　　　　　　　　　　　B. 越低
    C. 不确定　　　　　　　　　　D. 与温度无关

(4) 下面哪种控制可以减少 NO_x 的含量？（   ）。
    A. 二次空气喷射　　　　　　　B. EGR
    C. PCV　　　　　　　　　　　 D. EVAP

（二）技能测评

表 1-1 技能评价表

序号	内 容	分值	得分
1	能正确找出空气流量传感器、节气门位置传感器、凸轮轴位置传感器、冷却液温度传感器、爆震传感器	30	
2	能正确找出喷油器、怠速阀、点火线圈	10	
3	能正确找出发动机室和驾驶室继电器盒位置	10	
4	能正确找出发动机室和驾驶室继电器盒位置	10	
5	能正确找出发动机室和驾驶室 ECU 位置	10	
6	能正确找出曲轴位置传感器、氧传感器	10	
7	举升机等设备使用正确且复位状况良好	10	
8	能正确找出燃油箱、电动燃油泵、并观察两者工作状况	10	
	总分	100	

（注：操作正确即得分，操作错误或未进行操作即 0 分）

学习任务 2　随车诊断系统介绍

任务目标

任务目标
- 能正确描述 OBD Ⅱ 随车诊断系统的优点和功能。
- 能正确叙述随车诊断系统的基本工作原理。
- 能在车上找到故障灯和故障诊断插座。

学习重点
- 使用故障诊断仪读取、清除车辆故障码的任务实施。

知识准备

1. 随车诊断系统的概念

随车诊断系统（On Board Diagnostics，缩写为 OBD）就是集成在动力控制模块（Power Control Module，简称 PCM）内部的具有诊断功能的系统，该系统自动检测发动机电子控制系统，并把故障以故障代码的形式存储起来，使用汽车故障诊断仪可以检测出故障代码，判断故障部位。

2. 随车诊断系统的类型

目前，OBD 的类型有 MOBD、CARB OBD Ⅱ、EURO OBD、ENHACED OBD，以上几种 OBD 通过手持式诊断仪读取的故障代码均为 5 位。

MOBD：MOBD 是日本丰田公司独有的随车诊断系统，通过它可以读取丰田车系的故障代码和相关数据。

CARB OBD Ⅱ：CARB OBD Ⅱ 是应用于美国和加拿大的排放诊断系统。它满足美国和加拿大的相关排放法规要求，通过它可以读取美国和加拿大车辆的故障代码和相关数据。

EURO OBD：EURO OBD 是应用于欧洲的排放诊断系统。它满足美国和加拿大的相关排放法规要求，通过它可以读取美国和加拿大车辆的故障代码和相关数据。

ENHACED OBD：ENHACED OBD 是应用于美国和加拿大的排放诊断系统。它满足美国和加拿大的相关排放法规要求，通过它可以读取丰田车系的故障代码和相关数据。

3. OBD Ⅰ 系统

早期的车辆通常通过某种特定的操作,触发故障指示灯闪烁,根据故障灯闪烁的频率来读取故障代码。早期 OBD Ⅰ 系统监测的系统有:主要输入传感器、燃油计量系统、废气再循环系统、电路的断路和短路。OBD Ⅰ 系统不完善,存在许多缺点,主要是:

(1) 检测项目不全面,监测电路的敏感度不高,无法有效控制废气排放。

(2) 汽车制造厂各自开发自己的诊断系统,诊断插座的位置和形式、故障码的定义、故障码和数据流的读取和显示方法、通信协议、故障诊断仪等各不相同,给售后维修服务带来极大的麻烦和困难。

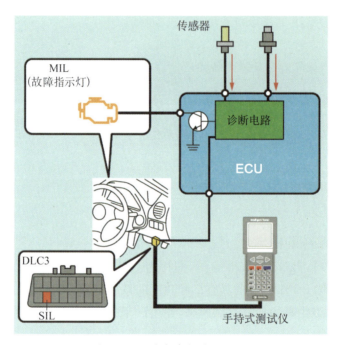

图 1-11 随车诊断系统 OBD

4. OBD Ⅱ 系统

OBD Ⅰ 系统达不到日益严格的排放法规的要求,在美国加州大气资源委员会(CARB)的倡导之下,美国汽车工程师协会(SAE)制定了一个更加完善的 OBD Ⅱ 系统,并于 1996 年在美国强制实施。OBD Ⅱ 系统具有如下特点:

(1) 排放监测功能加强。

(2) 通用性好。OBD Ⅱ 系统采用了大量标准化的内容。

① 采用标准的 OBD Ⅱ 16 端子数据通信连接器(DLC),见图 1-12。

② 标准的通信协议、诊断模式和通用的诊断仪,使诊断仪使用更方便。

③ 统一的部件名称和缩写,标准的诊断信息数据格式,使得各种信息不再混乱。

④ 统一的故障码编制方法及含义,使得故障码的识别和分析更快速。故障码规范表示如图 1-13 所示。

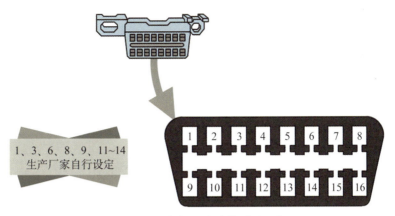

图1-12 数据通信连接器(DLC)

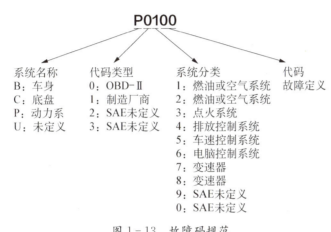

图1-13 故障码规范

（一）实施方案

1. 质量要求

参照厂家的质量标准要求。

2. 组织方式

每四位同学一组，能够使用汽车故障诊断仪读取、清除车辆故障码，按照企业岗位操作规范进行作业。每组作业时间为__20__分钟。

3. 作业准备

（1）技术要求与标准：

① 操作仔细、规范，避免造成设备损坏；

② 注意做好安全防护措施，注意"三不落地"；

③ 故障诊断的思路要清晰；

④ 养成使用发动机舱防护罩、"三件套"等的职业习惯。

（2）场地设施：消防设施的场地。

（3）设备设施：2007款卡罗拉1.6AT、汽车电脑故障诊断仪KT600一台、短接线2条。

（4）耗材：干净抹布。

（二）操作步骤

（1）在车上找到故障指示灯位置，了解故障灯的工作方式。

（2）找到丰田车系诊断座位置，丰田车系诊断座在发动机右侧或在驾驶室内转向盘管柱左下方。

（3）将诊断仪连接到诊断座DLC3，点火开关置于ON位置（不起动发动机），打开诊断仪，见图1-14。

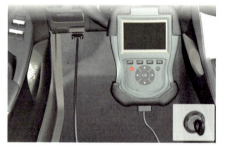

图1-14 连接汽车故障诊断仪

（4）进入汽车诊断，选择对应的车系与车型，见图1-15。

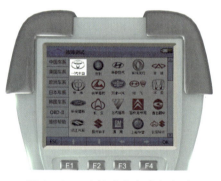

图1-15 选择对应车系与车型

（5）几秒钟后，故障诊断仪屏幕上会显示有选择菜单，根据菜单，可以进入不同的系统，例如发动机系统、变速器系统、制动系统等，见图1-16。

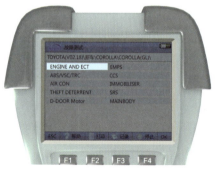

图1-16 选择具体测试的部件

(6) 选择进入某系统后,又会出现功能选择菜单,例如,读取故障代码、清除故障代码、读数据流、读取定格数据、基本调整、自适应匹配、读取电控单元(ECU)版本号、电控单元编码等,根据需要,可以选择进入不同的功能。

(7) 如读取到故障码,查阅卡罗拉维修手册排除流程。故障排除后,试车确定故障现象是否消失。

(8) 读取故障代码及数据流,确定维修后的数据流正常,故障没有再次出现。

选择"当前故障码",读取当前故障码

图1-17 选择读取当前故障码

 任务小结

(1) 汽车运行时 OBD 连续不断地检测传感器和执行元件的工作状态,如果发现故障,便在 ECU 的存储器中存储故障代码,同时位于仪表盘上的故障指示灯点亮。

(2) 当故障指示灯点亮时,将故障诊断仪与故障诊断座连接,通过一系列操作可以将故障代码从 ECU 中读出,故障代码可以帮助维修人员快速判断故障。

(3) 诊断系统具有两种诊断模式:正常模式和检查模式。正常模式用于普通检测。检查模式比正常模式对故障的检测更加灵敏,在这种模式下更容易检测到故障。

(4) 并不是所有的发动机控制系统的电路都被监测。因此,不是所有的故障都能点亮故障指示灯或在 ECU 存储器中保存故障码。其次,故障码仅表示传感器、执行器、控制模块或其电路中的某个地方存在故障,具体的故障位置必须按照规定的步骤进行诊断和分析。

 任务评价

(一) 课堂练习

1. 判断题

(1) 诊断系统具有两种诊断模式:正常模式和检查模式。(   )

(2) 并不是所有的发动机控制系统的电路都被 ECU 监测。(   )

(3) OBD Ⅰ 比 OBD Ⅱ 在排放检测方面功能更强。(   )

(4) OBD Ⅱ 的诊断接口是统一的。(   )

(5) OBD-Ⅱ 故障码由 4 个数字组成。(   )

2. 单选题

(1) 日本丰田公司独有的车载诊断系统是(   )。

A．MOBD B．CARB C．OBD Ⅱ D．EURO OBD

（2）应用于欧洲的排放诊断系统是（　　）。

　　A．MOBD B．CARB C．OBD Ⅱ D．EURO OBD

（3）不能清除 ECU 故障码的操作是（　　）。

　　A．断蓄电池负极 B．利用故障诊断仪清除

　　C．拆下 EFI 保险 D．点火开关 OFF

（4）下面说法中正确的是（　　）。

　　A．有故障一定有故障码 B．没有故障码一定没有故障

　　C．有故障不一定有故障码 D．都不是

（5）ECU 可以检测发动机的故障范围是（　　）。

　　A．电路 B．气路 C．机械 D．所有

（二）技能测评

表 1-2 技能评价表

序号	内　　容	分值	得分
1	能正确叙述车载诊断系统的基本概念	10	
2	能正确叙述车载诊断系统的基本工作原理	10	
3	能正确说明 OBD Ⅰ 和 OBD Ⅱ 的区别	20	
4	能在车上找到故障灯和故障诊断插座	10	
5	能利用故障诊断仪读取故障码	15	
6	能利用故障诊断仪清除故障码	10	
7	能利用故障诊断仪读取数据流	15	
8	能正确查阅维修手册,查找故障码含义	10	
	总分	100	

（注：操作规范即得分,操作错误或未进行操作即 0 分）

学习任务 3　常用检测仪器及设备介绍

任务目标

任务目标
- 了解汽车故障诊断仪、示波器的功用、波形和操作面板。
- 掌握汽车故障诊断仪、示波器使用的基本操作方法。
- 能够使用故障诊断仪读取卡罗拉车当前故障码、发动机。
- 数据流、喷油器波形。
- 能够使用示波器读取凸轮轴正时机油控制阀检测波。

学习重点
- 汽车故障诊断仪及示波器使用的任务实施。

知识准备

1. 汽车故障诊断仪

（1）汽车故障诊断仪功用。

汽车故障诊断仪是在读码器的基础上发展起来的检测仪器，它除了具有读取故障码、清除故障码功能外，还具有显示诊断代码内容的功能，即具有解码功能。汽车故障诊断仪的主要功能如下：

① 快速、方便读取或清除故障码，不需通过发动机故障报警灯的闪烁读取。

② 在车辆允许或路试时监测并记录数据流。

③ 能与汽车 ECU 中的微机直接进行交流，显示电控发动机数据流，使电控系统工作状况一目了然，以供故障诊断和检修时参考。

④ 具有示波器功能、万用表功能和打印功能。

⑤ 对发动机控制系统进行动态测试，显示瞬时信息，为故障诊断提供依据。

⑥ 能在静态或动态状况下，向电控系统各执行元件发出检修作业需要的动作指令，以便检查执行元件的工作状况。

⑦ 有些功能强大的专用汽车故障诊断仪能对车上 ECU 进行某些数据的重新输入和更改。

汽车诊断仪的认识

(2) 汽车故障诊断仪类型。

汽车故障诊断仪一般分为专用型和通用型两大类。

专用型汽车故障诊断仪是汽车制造厂家为检测诊断本厂生产的汽车而专门设计制造的,它主要是为了检测本公司所生产的指定车型。世界上一些大的汽车厂家,如奔驰、宝马、大众等厂家都有专用型汽车故障诊断仪。如通用公司的 Tech 2、福特公司的 STAR-Ⅱ与 NGS、丰田公司的 Intelligent Tester Ⅱ等。

Intelligent Tester Ⅱ是丰田公司推出的第二代检测仪,可以诊断丰田/凌志装备 OBDⅡ和 CAN Bus 总线系统的车型。Intelligent Tester Ⅱ采用结构紧凑的掌上电脑,触摸屏操作,中文显示,除具有诊断仪的功能外,还兼容示波器、万用表功能,是维修电控丰田汽车不可缺少的仪器,并且能方便快捷地与电脑连接使用。

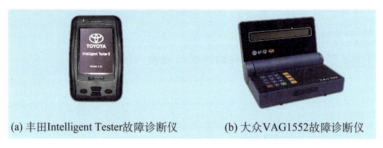

(a) 丰田Intelligent Tester故障诊断仪   (b) 大众VAG1552故障诊断仪

图 1-18   专用型汽车故障诊断仪

通用型汽车故障诊断仪是检测设备厂家为适应检测诊断多种车型而设计制造的。通用型汽车故障诊断仪存储有几十种甚至几百种不同厂家、不同车型汽车电控系统的检测程序、检测数据和故障码等资料,并配备有各种车型的检测接头,可以检测诊断多种车型,适合综合型维修企业使用。

通用型汽车故障诊断仪根据其来源,目前使用的主要有两种:进口汽车故障诊断仪和国产汽车故障诊断仪。进口汽车故障诊断仪常见的是美国实耐宝公司生产的 Scanner 和欧瓦顿勒公司生产的 OTC 汽车故障诊断仪等。国产汽车故障诊断仪主要有金德 KT600、元征电眼睛等。KT600 智能汽车故障诊断仪是集成多种功能于一体的新型诊断设备,其包含了大多数原厂通信协议及控制器局域网的通信协议,可扩充性强。

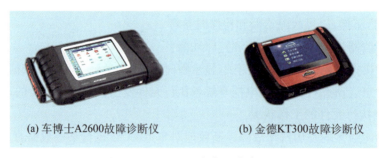

(a) 车博士A2600故障诊断仪   (b) 金德KT300故障诊断仪

图 1-19   通用型汽车故障诊断仪

(3) 汽车故障诊断仪操作面板。

KT600 汽车故障诊断仪配备超大容量的 CF 卡，可随意扩充升级程序，实施保存诊断结果。KT600 汽车故障诊断仪的操作面板如下（见图 1-20）：

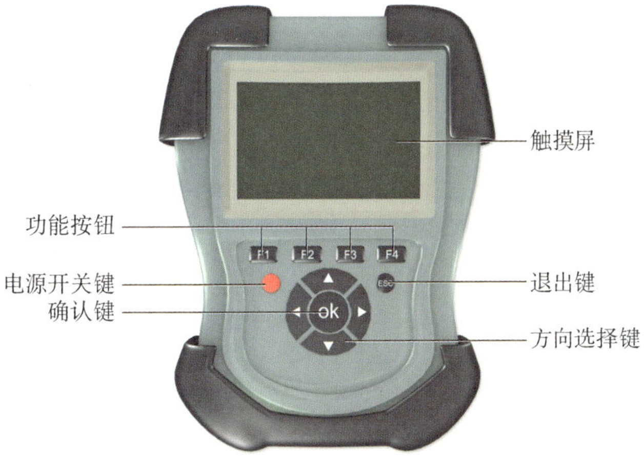

① 触摸屏。触摸屏是 KT600 汽车故障诊断仪的显示屏，显示屏上的操作都是借助手指进行的。

② 功能按钮。F1～F4 每个功能键功能对应于显示屏下方的功能显示区的菜单。

③ 电源开关键。按下该键启动汽车故障诊断仪。

图 1-20　KT600 汽车故障诊断仪操作面板

④ 退出键。按下该键，汽车故障诊断仪退出应用程序。

⑤ 确认键。选择菜单项后按下此键确认选择。

⑥ 方向选择键。移动光标选择菜单列出功能。

(4) 汽车故障诊断仪基本操作。

① 打开汽车故障诊断接口盖，将 KT600 连接到汽车诊断接口 DLC3 上。

② 起动发动机，打开 KT600 的电源开关（见图 1-21），选择汽车诊断。

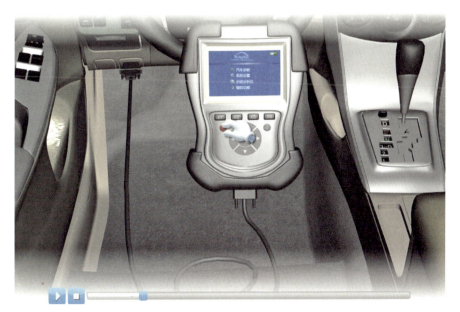

图 1-21　打开 KT600 开关

注意事项

◇ 一定要先连接诊断接口,再起动车辆。
◇ 起动车辆之前,确定车辆挡位为 P 挡。
◇ 进入车型选择页面,正确选择所测车辆的车型。

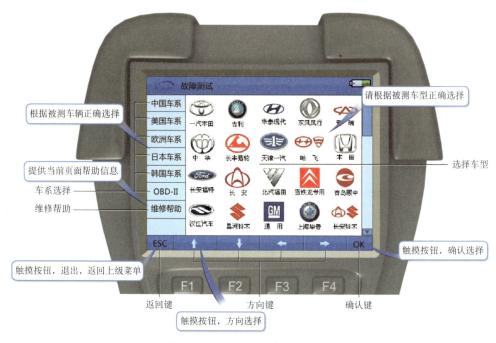

图 1-22 KT600 面板区域功能

③ 选择好某一车型,进入该车型测试菜单。选择进入某一系统后,出现功能选择菜单。

图 1-23 选择测试的系统　　　　　图 1-24 选择系统测试功能

a. 读取故障代码。明确故障项目及故障的性质：是什么故障（例如空气流量计故障）？现有故障还是历史故障？常发性还是偶发性？

b. 读取定格数据。明确故障发生时的基本条件，特别是与故障项目关系密切的内容（例如，空气流量计的读数、发动机转速、节气门开度等）。

c. 清除故障代码。

d. 起动发动机，模拟故障发生的条件。

e. 关闭发动机，再次读取故障代码及定格数据确定第①步的故障内容是真实存在的，还是虚假故障。

f. 起动发动机，读取与故障项目相关的数据流，分析与故障现象之间的关系。例如，目前的空气流量计的读数、发动机转速、节气门开度等；空气流量计的读数是否随节气门开度及发动机转速变化。

g. 按照维修手册的指引检查并排除故障。

h. 清除故障代码。

（5）故障诊断仪使用的注意事项。

① 连接仪器的基本操作步骤是：先断开仪器电源，选择并安装存储卡，连接电源电缆和诊断数据线，再接通仪器电源，调整仪器进入测试准备；操作完毕后应退出所有操作，关闭电源，断开连接线，卸下所有接头及连接线并保存好。

② 不要在通电的情况下拔出或插入存储卡，安装要到位，方向要正确，否则会损坏存储卡。

③ 存储卡版本应与检测车型和年代匹配，只能检测存储卡版本年限之前的车型，如要检测新车型则要对存储卡升级。

④ 严禁将串行接口连接非指定的连接线及非指定的设备。

2. 示波器

（1）示波器功用。

汽车示波器主要用来显示控制系统中输入、输出信号的电压波形，以供维修人员根据波形分析判断电控系统故障。示波器比一般电子设备的显示速度快，是唯一能显示瞬时波形的检测仪器，是电控系统故障诊断中的重要设备。

（2）示波器波形。

随着汽车技术的发展，汽车示波器越来越广泛地应用于汽车维修行业。正确地使用示波器可以使维修工时缩短、效率提高。汽车示波器可显示的波形主要分为直列波、重叠波和并列波三种。

直列波（见图1-25）：用于诊断点火系初、次级电路接触情况以及电容器、低压线、高压线和火花塞等元件的性能。

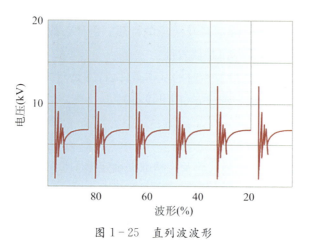

图1-25 直列波波形

重叠波(见图1-26):将多缸发动机各缸点火过程的曲线绘制在同一图形上,以诊断出分电器凸轮磨损情况和断电闭合角的大小。

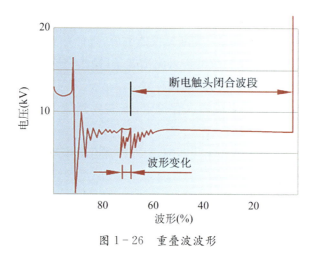

图1-26 重叠波波形

并列波(见图1-27):可以同时显示出多缸发动机各缸的次级点火电压,可用于诊断点火系次级电路故障。

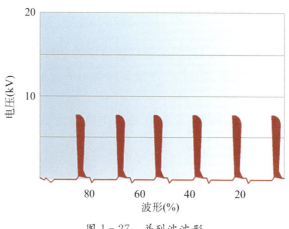

图1-27 并列波波形

（3）示波器操作面板。

FLUKE 98便携式示波器是应用最广泛的一种示波器，可用于汽油和柴油发动机测试。它采用高亮度的液晶显示屏，适合在各种亮度的环境下使用。具有独立双通道及一个外触发通道设置，不同机型有不同的通道数，可以是单通道、双通道、四通道等。通道数的多少，即为能够同时采集数据的多少、在屏幕上同时显示信号波形的多少。同时FLUKE 98便携式示波器还配有打印机及电脑连接接口，可以直接打印所存储的波形或与电脑进行数据通信。FLUKE 98主要用于测量汽车各种传感器的波形信号，它直接从传感器的信号端采集信号，进行分析处理，测试结果均以波形显示，并且列出相关重要的数据，使用户更加直观地了解波形。

下面以FLUKE 98为例，来介绍示波器的操作面板。如图1-28所示。

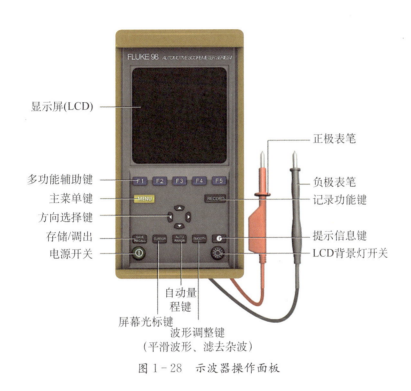

图1-28 示波器操作面板

① 多功能辅助键（F1~F5五个功能键）。每键功能对应于显示屏下方的功能显示区的菜单；

② 记录功能键。显示记录功能的菜单，并可存储一段连续长时间测试数据；

③ 方向选择键。上下光标键，执行下列工作：移动光标选择菜单列出功能；选择量程；可上下移动波形；示波器功能时，可调整触发电平。左右光标键，执行下列工作：选择时基范围；左右移动波形；左右移动光标位置；

④ 提示信息键。在菜单中选择某一功能或执行某一测试时，按此键可显示该功能的说明；

⑤ LCD背景灯开关。打开或关闭LCD背景灯,持续按住此键可调整屏幕对比度;

⑥ 波形调整键。此键可使所显示的波形平滑易读,读数更稳定,可滤除波形中含有的噪声和尖峰;

⑦ 自动量程键。启动该按键时,自动设定最佳时机及量程,同时在屏幕右上方显示"AUTO";关闭此功能后,必须手动设定量程;

⑧ 屏幕光标键。启动按键时,可移动两条垂直光标至波形任意位置测量所需数据;

⑨ 电源开关。按下该键,启动使用者先前所执行的测试功能;

⑩ 存储/调出。按此键时,锁定目前所显示的屏幕(屏幕右上方将显示"HOLD"字样),显示存储,调用及打印菜单;

⑪ 主菜单键。按此键可显示主菜单,在测试中若要改变测试功能时,均须先按此键。

(4) 示波器基本操作。

① 将电源适配器接于电源插座。

② 按下电源开关键,将示波器打开。

③ 按住LCD背景灯开关直至屏幕清晰显示为止(FLUKE98汽车示波器首页显示如图1-30所示)。

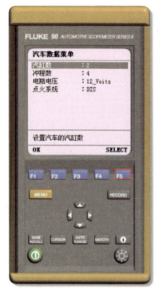

图1-29 示波器基本数据菜单

④ 主菜单操作(以左侧防滑控制传感器测试为例):

主菜单界面如下:

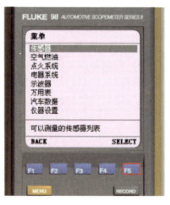

图1-30 Fluck98主菜单界面

操作步骤如下:

a. 按下MENU键显示主菜单;

b. 按下↓键移动光标至传感器项;

c. 按SELECT键选择通用传感器(见图1-31);

d. 按F1(OK)键进入测试(启动点火开关即可看到如图1-32的波形)。

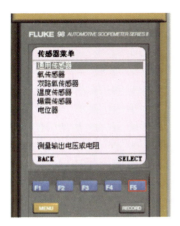
图1-31 选择测试的传感器

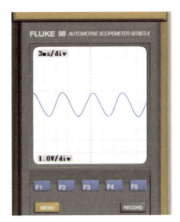
图1-32 左侧防滑控制传感器测试波形

 任务实施

（一）实施方案

1. 质量要求
参照厂家的质量标准要求。

2. 组织方式
每四位同学一组，认识汽车故障诊断仪和示波器结构，并使用此两种设备检测实车数据，按照企业岗位操作规范进行作业。每组作业时间为__20__分钟。

3. 作业准备
（1）技术要求与标准：

① 不要拆解汽车故障诊断仪、示波器，不要随意修改汽车故障诊断仪、示波器的默认参数。

② 不要将汽车故障诊断仪、示波器连接到任何超过其额定电压的装置。

③ 设备充电时，使用配套的适配器。

④ 按照标准工艺流程进行作业，合理规范地使用工具。

（2）设备器材：汽车故障诊断仪、示波器（见图1-33）。

（3）场地设施：消防设施的场地。

（4）设备设施：卡罗拉整车一辆、汽车电脑故障诊断仪一台。

(a) KT600汽车故障诊断仪　(b) FLUKE98示波器

图1-33 设备器材

（5）耗材：干净抹布。

（二）操作步骤

1. 汽车故障诊断仪使用

（1）安装三件套。

图1-34　连接诊断仪和诊断数据传输线

（2）检查故障码。

① 连接诊断仪（以 KT600 为例）和诊断数据传输线，见图1-34。

图1-35　选择诊断接口

② 选用与车型匹配的诊断接口（见图1-35），并将其与数据线连接。

图1-36　连接诊断仪接口和车辆诊断接口

③ 将智能检测仪诊断接口与车辆诊断接口连接，见图1-36。

图1-37　固定故障诊断仪

④ 将智能检测仪固定到方向盘上，见图1-37。

故障诊断仪的使用

⑤ 打开汽车故障诊断仪,读取故障码,见图 1-38。

以读取发动机和变速箱系统故障码为例。选择菜单项:选择车系——选择诊断座——发动机和变速箱系统——读取当前故障码。

⑥ 根据维修手册查阅故障,并制定故障排除流程。

图 1-38　选择测试系统

(3) 清除故障码,见图 1-39。

① 从 DTC 数据显示屏幕功能按钮中,选择"清除故障码"。

② 按照屏幕上的操作说明删除 DTC 数据。

图 1-39　清除故障码

(4) 再次读取故障码,见图 1-40。

① 再次读取故障码,故障码依然存在。

② 退出故障测试,并关闭智能检测仪。

③ 排除故障后,再次读取故障码,检查故障码是否依然存在。

图 1-40　再次读取故障码

(5) 读取数据流,见图 1-41。

① 选择功能菜单"读取数据流"(以读取发动机数据流为例),发动机转速、设定怠速等的数据流在显示屏上呈现出来。

② 退出"读取数据流"。

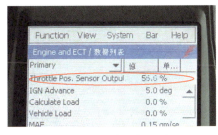

图 1-41　读取数据流

(6) 显示波形。

① 起动发动机。

② 断开 4 缸喷油器连接器,见图 1-42。

图 1-42　断开喷油器连接器

图1-43 跨接连接器1号端子和2号端子

③ 在连接器1号端子和2号端子分别连接两根跨接线,见图1-43。

图1-44 校表

④ 选用万用表,校表确认仪器良好,见图1-44。

图1-45 检查线路

⑤ 红表笔连接跨接线,黑表笔连接蓄电池负极,检查线路是否存在断路,见图1-45。

图1-46 选择示波分析仪

⑥ 连接测试线和示波器,选择"示波分析仪",见图1-46。

图1-47 观察波形

⑦ 选择"通用示波器",进行检测分析,调整、存储波形,见图1-47。

⑧ 退出示波分析仪,并回收测量导线。

⑨ 选用万用表,校表确认仪器良好。

⑩ 红表笔连接跨接线,黑表笔连接蓄电池负极,检查电路中是否存在短路。

⑪ 检测完成,回收跨接线,并连接4缸喷油器连接器。

(7) 拆卸三件套。

① 断开智能检测仪接口,取下智能检测仪。

② 升起主驾驶室车窗,并取下三件套,见图1-48。

图1-48 取下三件套

2. 示波器使用

(1) 打开示波器电源开关。

(2) 将示波器的正负极接头连接到检测点。

(3) 单击示波器的"F1"键或黄色按钮"MENU"进入主菜单。

(4) 根据所检测物件的不同类型使用示波器的上下键在主菜单中进行选择,单击示波器的"F5"键进入所选项目菜单,见图1-49。

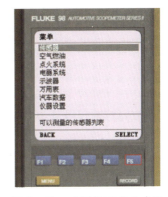

图1-49 选择检测的传感器

(5) 使用示波器的上下键对检测物件的具体分类进行选择。

(6) 起动点火开关,即可观看到当前所选被测物件的波形图(以凸轮轴正时机油控制阀检测波形为例)。见图1-50。

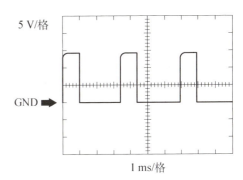

图1-50 凸轮轴正时机油控制阀检测波形

1. 示波器功用

示波器主要用来显示控制系统中输入、输出信号的电压波形，以供维修人员根据波形分析判断电控系统故障，是唯一能显示瞬时波形的检测仪器。

2. 示波器显示波形形式

汽车示波器可显示的波形主要分为直列波、重叠波和高压波三种。

3. 汽车故障诊断仪的主要功能

（1）快速、方便读取或清除故障码。

（2）对发动机控制系统进行动态测试，为诊断提供依据。

（3）能在静态或动态状况下，向电控系统各执行元件发出检修作业需要的动作指令，以便检查执行元件的工作状况。

（4）在车辆允许或路试时监测并记录数据流。

（5）具有示波器功能、万用表功能和打印功能。

（6）能与汽车 ECU 中的微机直接进行交流，显示电控发动机数据流。

（7）有些功能强大的专用汽车故障诊断仪能对车上 ECU 进行某些数据的重新输入和更改。

4. 汽车故障诊断仪分类

汽车故障诊断仪可分为专用型和通用型两大类。

（一）课堂练习

1. 判断题

（1）KT600 故障诊断仪中不具备示波器功能。（　　）

2. 单选题

（1）下面各项中是专用型诊断仪的是（　　）。

　　A．V.A.G1552

　　B．车博仕 A2600

　　C．OTC

　　D．Snap On

（2）下面各项中不是故障诊断仪的功能选项是（　　）。

　　A．读故障码

  B．清除故障码

  C．读数据流

  D．测量电流

（3）下面关于发动机综合分析仪说法中正确的是(　　)。

  A．只有故障诊断仪功能　　　　B．只有示波器功能

  C．只有尾气分析功能　　　　　D．都具备

（二）技能测评

表1-3　技能评价表

序号	内容	分值	得分
1	能够使用故障诊断仪读取卡罗拉车当前故障码	20	
2	能够使用故障诊断仪读取卡罗拉车发动机数据流	20	
3	能够使用故障诊断仪读取喷油器波形	20	
4	使用示波器读取凸轮轴正时机油控制阀检测波	20	
5	读取到故障码后,能够查阅维修手册制定故障排除方案	20	
	总分	100	

(注：操作规范即得分,操作错误或未进行操作即0分)

学习拓展

1. IT-Ⅱ汽车故障诊断仪操作面板

  IT-Ⅱ汽车故障诊断仪是丰田公司指定的专用汽车故障诊断仪。IT-Ⅱ汽车故障诊断仪的操作面板如下(见图1-51)：

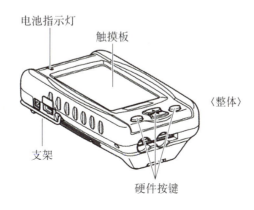

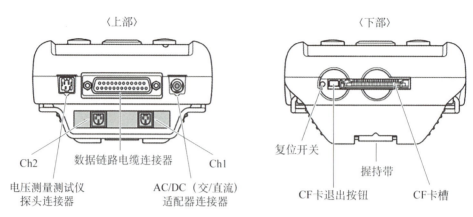

图 1-51 IT-Ⅱ汽车故障诊断仪操作面板

(1) 触摸板。触摸板是 IT-Ⅱ汽车故障诊断仪的显示屏,显示屏上的操作都是借助手指进行的;

(2) 电池指示灯。开始充电电池指示灯呈红色亮起,当电池指示灯从红色变为绿色时,充电完毕。

(3) 支架。支架用于将汽车故障诊断仪附接到方向盘,便于对汽车进行故障诊断。

(4) 硬件按键。操作汽车故障诊断仪时,可点击触摸屏,亦可使用硬件按键。

(5) IT-Ⅱ汽车故障诊断仪操作面板的左侧是电源开关和 USB 电缆连接线,右侧是 USB 电缆连接器,串行电缆连接器。

2. IT-Ⅱ汽车故障诊断仪操作方法

(1) 读取故障码。

IT-Ⅱ汽车故障诊断仪基本操作:①将诊断仪连接到车辆数据链路连接器 3(DLC3);②将点火开关置于 ON 位置并开启汽车故障诊断仪;③根据屏幕上的文字提示,选择需要诊断的车辆;④选择菜单项:Function/DTC 或 DTC 主菜单按钮,DTC 数据显示在屏幕上;⑤检查 DTC 和定格数据,并将其记录下来。

(2) 读取数据流。

IT-Ⅱ汽车故障诊断仪基本操作:①将诊断仪连接到车辆数据链路连接器 3(DLC3);②将点火开关置于 ON 位置并开启汽车故障诊断仪;③根据屏幕上的文字提示,选择需要诊断的车辆;④选择菜单项:Function/Data List,显示 ECU 数据列表。

(3) 显示波形。

IT-Ⅱ汽车故障诊断仪基本操作:①将诊断仪连接至诊断座;②将点火开关置于 ON 位置并开启汽车故障诊断仪;③从系统选择屏幕的主菜单按钮,触按"工具";④在功能选择屏幕,触按"示波器",出现示波器测量屏幕;⑤选择"MENU",保存/回放/删除波形;⑥选择"Trigger",显示触发菜单屏幕;⑦选择"Exit",结束示波器功能。

项目二 进气系统检修

项目导入

进气系统的功用是将大气中的空气过滤后,按照发动机负荷的不同向发动机提供不同量的清洁空气,负荷越大,所提供的空气越多;反之,负荷越小,所提供的空气也越少。进气系统良好是保证发动机正常运行的有效条件,如果进气系统出现阻塞、泄漏等故障,必然引起进气量与发动机负荷的不协调,导致发动机运转不良。

当发动机出现动力不足、怠速不稳等现象时,往往需要对进气系统进行检查、维修。本项目主要是学习汽油发动机进气系统主要元件的检测与维修方法。

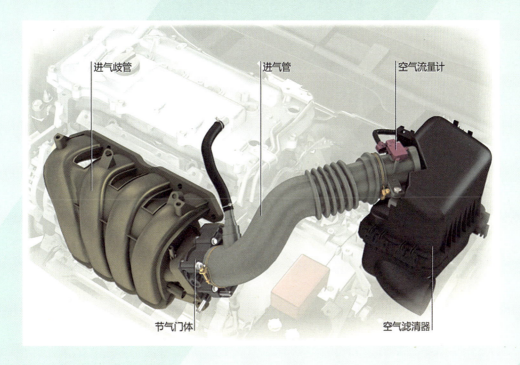

学习目标

素养目标
- 了解安全操作要求,养成安全文明操作的习惯。
- 养成组员之间互相协作的习惯。
- 实施操作结束后,清洁工具,并将工具设备归位,清洁场地。

技能目标
- 能够使用检测仪器对空气流量传感器、电子节气门及油门踏板位置传感器的工作状况进行检测,并能对检测状况进行简要分析。

知识目标
- 掌握汽油机进气系统主要元件的构造与原理。
- 能够描述空气流量传感器、电子节气门及油门踏板位置传感器的检测流程。

学习任务

学习任务 1
◇ 进气系统基本检查

学习任务 2
◇ 空气流量传感器检修

学习任务 3
◇ 电子节气门检修

学习任务 4
◇ 油门踏板位置传感器检修

学习任务 5
◇ 涡轮增压检测

学习任务 6
◇ VVT 执行器检修

学习任务 1　进气系统基本检查

任务目标

任务目标
- 熟知进气系统各组成元件。
- 能正确描述进气系统功用及进气过程。
- 能在 20 分钟内完成进气系统主要元件的检查工作。

学习重点
- 进气系统的组成及其检查的任务实施。

知识准备

1. 进气系统组成

进气系统主要由空气滤清器、空气流量计、进气管、节气门体以及进气歧管等部分组成（见图 2-1）。其功用是为可燃混合气的形成提供必需的空气量。

图 2-1　进气系统组成

进气管是指空气从进气口进入,通过空气滤清器,直到要进入各个气缸前的这一段管道,是发动机的主要进气管路,也是总的进气管路。进气歧管是指空气从进气管进入各个气缸,往各个气缸分配的这一段管子。每个气缸有一个进气歧管,这样保证了各个气缸进气分配合理均匀。

2. 进气系统工作原理

空气经空气滤清器过滤掉杂质后,流过空气流量传感器,经由进气道进入进气歧管,与喷油器喷出的汽油混合后形成适当比例的可燃混合气,经进气门送入气缸内燃烧。驾驶员通过操作加速踏板控制节气门开度,来调节进入气缸的空气量。如图2-2所示。

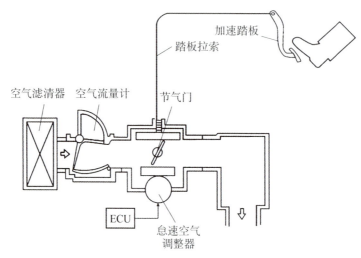

图2-2 进气系统工作原理示意图

3. 进气控制系统

进气控制主要进行废气涡轮增压控制、可变气门正时控制、可变气门升程控制、可变惯性进气控制等。废气涡轮增压利用发动机排放的废气作为动力将进气进行压缩,从而提高进气密度,增大进气量,这样在不增加发动机排量的情况下提高发动机的输出功率。

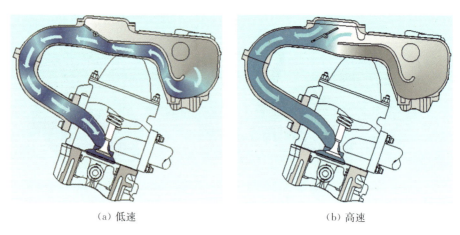

(a) 低速　　　　　　(b) 高速

图2-3 可变进气系统示意图

可变进气控制系统主要包括动力阀控制系统和进气谐振系统。动力阀控制系统根据发动机转速和负荷的变化改变进气道的空气流通截面的大小,以满足发动机不同转速和负荷时对进气量的需求,从而改善发动机的低速和高速性能。进气谐振系统根据发动机转速和负荷的变化改变进气道的长度,充分利用进气惯性提高进气效率,如图2-3所示。低速时增加进气道长度,提高了发动机在低-中转速范围内的转矩输出;高速时减少进气道长度,提高了高转速范围内的功率输出。

4. 进气系统常见故障分析

进气系统常见故障主要是气体泄漏和阻塞。漏气故障通常发生在节气门体之后的进气管、进气歧管等与其他部件的结合处,一般是由于密封垫片失效所致,需要更换作业,但找出漏气点是更换作业前的关键环节,图2-4黑色箭头指示位置为进气系统通常需要检查的漏气点。

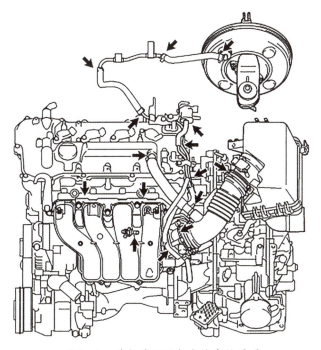

图2-4 进气系统漏气点检查位置图

进气系统的阻塞故障通常发生于空气滤清器内部滤芯处,一般通过清洁作业就可以排除,个别情况下需要更换滤芯。但对于不同类型的空气滤清器,清洁作业的方法也会不同。

(一)实施方案

1. 质量要求

参照厂家的质量标准要求。

2. 组织方式

每四位同学一组,检查实训车辆的进气系统是否存在漏气或阻塞故障。要求:每组同学按照企业岗位操作规范进行作业,每组作业时间为___20___分钟。

3. 作业准备

(1) 技术要求与标准:

① 保持现场卫生,水、油等不得洒于地面,应在规定位置摆放。

② 做好安全防护措施。

(2) 场地设施:消防设施的场地。

(3) 设备设施:2007款卡罗拉1.6AT一辆、常用工具一套、吹气枪。

(4) 耗材:干净抹布。

(二)操作步骤

(1) 拆卸发动机盖罩。

(2) 检查进气管路泄漏情况。

① 检查并按压空气滤清器软管总成,见图2-5。

图2-5 检查空气滤清器软管总成

② 检查通风软管是否有破损或裂纹,连接是否牢靠,见图2-6。

图2-6 检查通风软管

③ 检查制动助力器真空软管有无泄漏,见图2-7。

图2-7 检查制动助力器真空软管

④ 检查 PCV 阀软管表面有无皲裂、老化、断裂等现象,见图 2-8。

图 2-8 检查 PCV 阀软管表面

⑤ 检查各连接软管的卡箍位置是否正确,卡箍是否完好,是否存在松动现象,见图 2-9。

图 2-9 检查各连接软管卡箍位置

⑥ 目测检查进气歧管有无裂纹、破损,见图 2-10。

图 2-10 检查进气歧管

⑦ 目测检查节气门体衬垫处、进气歧管衬垫处,是否有破损、泄漏现象。见图 2-11、2-12。

图 2-11 检查节气门体衬垫处

图 2-12 检查进气歧管衬垫处

（3）检查空气滤清器。

检查空气滤清器滤芯中是否有灰尘、积聚微粒或者破裂，如滤芯过脏，应及时清洁；同时，如果空气滤清器滤芯已经达到使用里程或过脏、损坏等，则需更换新的空气滤清器滤芯。

1. 进气系统组成及功能

进气系统一般由空气滤清器、进气管、节气门体以及进气歧管等部分组成，为了进一步提高发动机的工作性能，部分汽车发动机采用了可变进气系统，其目的是利用发动机进气管中空气的波动效应来增大进气量，或利用进气旋流作用于改善燃烧过程。

2. 进气管对发动机性能影响

一般来讲，细而长的进气管对发动机低速性能有利，粗而短的进气管对发动机高速性能有利。进气旋流则可以加快燃烧过程，为此，不同车系采用了各自不同的方法来对进气系统进行调节。

（一）课堂练习

1. 判断题

（1）现代新型发动机多数采用电子节气门控制。（   ）

（2）直列式发动机，进气歧管与排气歧管一般布置于气缸盖的一侧。（   ）

（3）V型发动机，进气歧管一般是装在两排气缸的中间，排气歧管则分别装在气缸盖的外侧。（   ）

（4）进气歧管的功用是将混合气或空气均等分送到各个气缸。（   ）

2. 单选题

（1）汽油机工作时用来提供清洁空气的主要总成是（   ）。
    A．空气滤清器   B．化油器
    C．汽油泵   D．汽油滤清器

（2）长型进气歧管（   ）。
    A．使进气分配平均   B．可提高容积效率
    C．重量较轻   D．占据空间较小

(3) 下面各项中不是进气系统组成的是（　　）。

　　A．进气管　　　　B．空气滤清器　　　C．消声器　　　　D．进气总管

（二）技能测评

表 2-1　技能评价表

序号	内　容	分值	得分
1	能正确认知进气系统主要组成元件	20	
2	能正确叙述进气系统工作过程	20	
3	正确理解进气管与进气歧管的作用及区别	15	
4	检查进气系统泄漏情况	25	
5	检查、清洁空气滤清器	20	
	总分	100	

（注：操作正确即得分，操作错误或未进行操作即 0 分）

学习任务 2　空气流量传感器检修

　任务目标

任务目标
- 熟知空气流量传感器的结构与原理。
- 掌握空气流量传感器的检测方法。
- 能够在 30 分钟内完成空气流量传感器检测工作。

学习重点
- 热线式空气流量传感器的工作原理及其检修任务实施。

知识准备

空气流量计认知

1. 热线式空气流量计的功用

热线式质量空气流量计是一个传感器，用于测量流经节气门的空气流量，并将信息传输给引擎控制模块 ECM，ECM 利用此信息确定最佳空燃比的燃油喷射量。

2. 热线式空气流量计结构

热线式空气流量计主要由控制电路、铂热丝、温度补偿电阻和连接器等组成，见图 2-13。

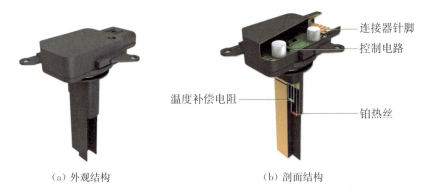

（a）外观结构　　　（b）剖面结构

图 2-13　热线式空气流量计结构

3. 热线式空气流量计的工作原理

热线式空气流量计内部有一个暴露于进气流中的加热铂丝，见图2-14。ECM向铂丝施加一个特定的电流，以将其加热到设定的温度。进气流冷却铂丝和内部热敏电阻，从而使铂丝和热敏电阻值发生变化。ECM改变施加于质量空气流量计加热铂丝中的电流来保持温度恒定。电流大小与通过传感器的空气流量成比例，ECM则利用该电流在检测分压电阻上的电压变化值来计量进气量。

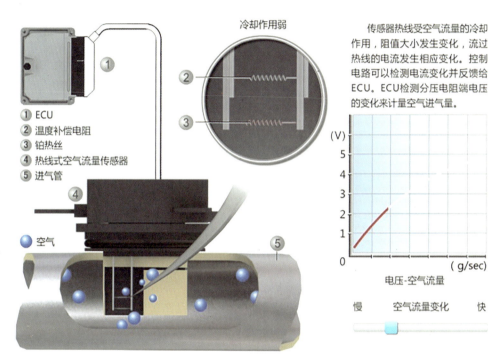

图2-14 热线式空气流量计工作原理

4. 热线式空气流量计电路图

图2-15所示为丰田卡罗拉轿车1ZR-FE发动机上的热线式空气流量传感器与其他部件之间的连接电路。空气流量传感器端子"3(+B)"为电源端子，其电源来自EFI主继电器，端子"5(VG)"为信号端子，ECU通过该端子检测空气流量，端子"4(E2G)"为搭铁端子，通过ECU搭铁。

E2：2号接地线；

+B：电压正极；

E2G：蓄电池接地线；

VG：蓄电池电压。

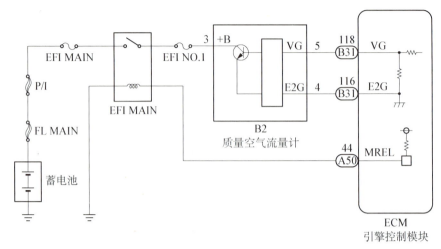

图 2-15 热线式空气流量计电路图

任务实施

（一）实施方案

1. 质量要求

参照厂家的质量标准要求。

2. 组织方式

每四位同学一组,完成卡罗拉车上的空气流量传感器检修工作。要求:学生按照企业岗位操作规范进行作业,每组作业时间为__30__分钟。

3. 作业准备

（1）技术要求与标准（见表 2-2）。

表 2-2 技术要求与标准

检测内容	端子号	条件	规定状态
质量空气流率	—	点火开关置于 ON 位置 30 分钟,发动机不运转。	低于 0.23 g/s
电源电压	B2-3(+B)与车身搭铁	点火开关置于 ON 位置	9～14 V
空气流量计输出电压	5(VG)与 4(E2G)	向端子+B 和 E2G 之间施加蓄电池电压	0.2～4.9 V
空气流量计电阻	1(THA)与 2(E2)	－20℃ 20℃	13.6～18.4 kΩ 2.21～2.69 kΩ

（2）设备器材：故障诊断仪、万用表、常用工具一套（见图 2-16）。

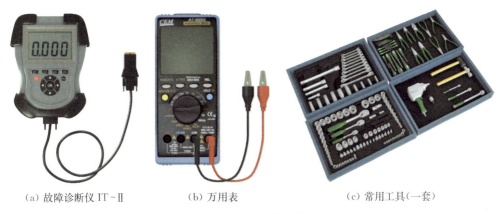

(a) 故障诊断仪 IT-Ⅱ　　(b) 万用表　　(c) 常用工具（一套）

图 2-16　设备器材

（3）场地设施：消防设施的场地。
（4）设备设施：2007 款卡罗拉 1.6AT 一辆。
（5）耗材：干净抹布。

（二）操作步骤

1. 检测质量空气流速率

（1）将诊断仪连接到诊断座 DLC3，点火开关置于 ON 位置（不起动发动机），打开诊断仪。

（2）选择以下菜单项：
Function/Data List/MAF。

（3）等待 30 秒钟，读取诊断仪上的检测值，记录检测值并与下表进行比对：

图 2-17　使用故障诊断仪读取空气流量计数据流

空气流量计检测

检测项目	检测条件	规定状态
MAF	点火开关置于 ON 位置 30 分钟，发动机不运转	低于 0.23 g/s

若检测值约为 0.0 g/s，则说明空气流量计电源电路断路或 VG 电路断路或短路。

若检测值大于 271.0 g/s，则说明 E2G 电路断路。

图 2-18 检测空气流量计电源电压

2. 检测空气流量计电源电压

(1) 断开空气流量计连接器,将点火开关置于 ON 位置。

(2) 将万用表旋转开关置于直流电压挡,检测以下两端子之间的电压(见图 2-18),记录检测数据并与下表数据进行比对:

检测内容	检测条件	规定状态
B2-3(+B)与车身搭铁	点火开关打开	9~14 V

若检测值不在规定范围内,则检查保险丝 EFI No.1。

(3) 重新连接空气流量计连接器。

3. 检测空气流量计输出电压

(1) 断开空气流量计连接器,将点火开关置于 ON 位置。

(2) 向端子 3(+B) 和 4(E2G) 之间施加蓄电池电压。

(3) 将万用表旋转开关置于直流电压挡,检测以下两端子之间的电压(见图 2-19),记录检测数据并与下表数据进行比对:

检测内容	检测条件	规定状态
5(VG)与4(E2G)	向端子+B 和 E2G 之间施加蓄电池电压	0.2~4.9 V

若检测值不在规定范围内,则更换空气流量计。

(4) 重新连接空气流量计连接器。

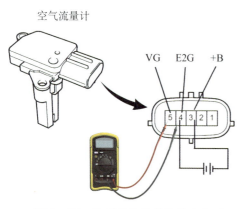

图 2-19 检测空气流量计输出电压

4. 检查空气流量计电路

（1）检测空气流量计与 ECM 之间电路，见图 2-20。

① 断开蓄电池负极端子，断开空气流量计连接器。

② 断开 ECM 连接器。

③ 将万用表置于欧姆（Ω）挡，检测以下两端子之间的电阻，记录检测数据并与标准数据进行比对：

B2-5(VG) 与 B31-118(VG)；

B2-2(E2G) 与 B31-116(E2G)；

标准电阻值应小于 1 Ω。

若任何两端子间电阻值不在规定范围内，则说明该段电路存在断路故障。

④ 检测以下两端子之间的电阻，记录检测数据并与标准数据进行比对：

B2-5(VG) 与车身搭铁；

B2-4(E2G) 与车身搭铁；

标准电阻值为 10 kΩ 或更大。

若任何两端子间电阻值不在规定范围内，则说明该段电路存在短路故障。

⑤ 重新连接空气流量计连接器。

⑥ 重新连接 ECM 连接器，见图 2-21。

⑦ 重新连接蓄电池负极端子。

图 2-20 检测空气流量计与 ECM 之间电路

图 2-21 连接 ECM 连接器

（2）检测传感器搭铁电路，见图 2-22。

① 断开空气流量计连接器。

② 将万用表置于欧姆（Ω）挡，检测以下两端子之间的电阻（见图 2-23），记录检测数据并与标准数据进行比对：

B2-4(E2G) 与车身搭铁；

标准电阻值应小于 1 Ω。

若任何两端子间电阻值不在规定范围内，则说明传感器搭铁电路存在故障。

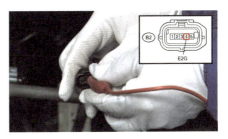

图 2-22 检测传感器搭铁电路

5. 检查空气流量计

（1）拆卸空气流量计。

① 断开空气流量计连接器。

② 拆下2个螺钉和空气流量计。

（2）检查空气流量计。

① 目视检查空气流量计的铂热丝上是否存在异物，如果存在异物则需更换空气流量计。

② 将万用表置于欧姆（Ω）挡，检测以下两端子之间的电阻（见图2-23），记录检测数据并与下表数据进行比对：

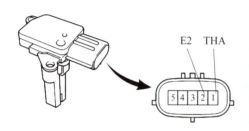

图2-23 检查空气流量计两端子电阻

检测内容	检测条件	规定状态
1(THA)与2(E2)	-20℃	13.6～18.4 kΩ
	20℃	2.21～2.69 kΩ
	60℃	0.49～0.67 kΩ

若检测电阻值不在规定范围内，则需更换质量空气流量计。

（3）安装空气流量计。

① 用2个螺钉安装空气流量计。

② 连接空气流量计连接器。

◇ 安装时，确保O形圈没有破裂或卡住。

1. 热线式空气流量计组成

热线式空气流量计主要由控制电路、铂热丝、温度补偿电阻和连接器等组成。

2. 热线式空气流量计工作原理

热线式空气流量计中铂热丝的阻值随空气流量作用而发生变化，控制电路检测流经检测电阻的电流变化并反馈给ECU。ECU检测分压电阻端电压变化来计量空气进气量。

3. 检测空气流量计

（1）检测质量空气流速率。

(2) 检测电源电压。

(3) 检测空气流量计输出电压。

(4) 检查空气流量计电路。

(5) 检查空气流量计。

（一）课堂练习

1. 判断题

(1) 丰田卡罗拉车空气流量传感器安装在进气温度传感器中。（　　）

(2) 丰田卡罗拉车所采用的空气流量传感器是热线式空气流量传感器。（　　）

(3) 用万用表测端子 VG 与端子 E2G 之间的电压时，用吹风机向传感器热线吹风，测出电压值，风速越高，电压越小。（　　）

2. 单选题

(1) 下列关于空气流量计的输出特性描述中不正确的是(　　)。

　　A．空气流量计的输出范围是 1~2.16 V

　　B．空气流量计的输出电压随着负荷和转速的增大而减小

　　C．发动机怠速时的输出电压约为 1.3 V

　　D．发动机怠速时的进气质量流量为 2.0~4.0 g/s

(2) 起动发动机，使用诊断仪器读取动态数据流，诊断仪器显示的空气流量为"大于或等于 271.0 g/s"，则可判断出(　　)。

　　A．空气流量计电源电路断路　　　　B．VG 电路断路或短路

　　C．E2G 电路断路　　　　　　　　　D．空气流量计正常

（二）技能测评

表 2-3　技能评价表

序号	内　　容	分值	得分
1	能正确选用正确的工具进行相关数据的测量	10	
2	检查质量空气流速率的值	10	
3	检查空气流量计电源电压(B2-3 与车身搭铁)	10	
4	检测空气流量计输出电压(5(VG) 与 4(E2G))	10	
5	检查空气流量计与 ECM 之间电路(B2-5 与 B31-118)	10	

续 表

序号	内　　容	分值	得分
6	检查空气流量计与ECM之间电路(B2-2与B31-116)	10	
7	检查空气流量计与ECM之间电路(B2-5与车身搭铁)	10	
8	检查空气流量计与ECM之间电路(B2-4与车身搭铁)	10	
9	检查传感器搭铁电路(B2-4与车身搭铁)	10	
10	空气流量计电阻(1(THA)与2(E2))	10	
	总分	100	

(注：操作规范即得分,操作错误或未进行操作即0分)

学习任务 3　电子节气门检修

任务目标

任务目标
- 熟知节气门位置传感器的功用及节气门体的结构。
- 掌握节气门位置传感器的工作原理。
- 能够在 30 分钟内完成电子节气门检修工作。

学习重点
- 节气门体的结构及电子节气门检修的任务实施。

知识准备

1. 霍尔式节气门位置传感器功用

节气门位置传感器安装在节气门体总成上,检测节气门张开度,属于非接触型传感器。使用霍尔效应元件,以便在极端的行驶条件下（例如高速、极低车速）也能生成精确的信号。

2. 霍尔式节气门体结构

霍尔式节气门体主要由霍尔 IC、连接器、磁铁、节气门电机、节气门轴、节气门减速齿轮等组成,见图 2-24。

拉线节气门和电子节气门的区别

图 2-24　霍尔式节气门体的结构

3. 霍尔式节气门位置传感器工作原理

节气门位置传感器用于检测节气门开度情况。当节气门关闭时,传感器输出电压降低,当节气门开启时,传感器输出电压升高。ECM 根据这些信号来计算节气门开度并响应驾驶员输入来控制节气门执行器。这些信号同时也用来计算空燃比修正值、功率提高修正值和进行燃油切断控制。

节气门位置传感器有两个传感器电路 VTA1 和 VTA2,两个传感器电路分别传送信号。VTA1 用于检测节气门开度,VTA2 用于检测 VTA1 故障。传感器信号电压与节气门开度成比例,在 0 V 到 5 V 之间变化,并且传送至 ECM 的 VTA 端子。

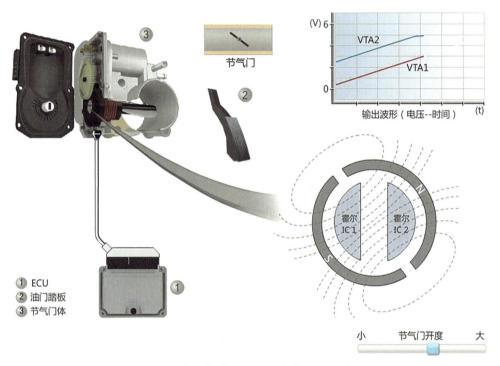

图 2-25 霍尔式节气门位置传感器的工作原理

4. 霍尔式节气门位置传感器电路图

丰田卡罗拉轿 1ZR-FE 发动机上的霍尔式节气门位置传感器与 ECM 之间的连接线路如图 2-26 所示。

E2:接地线;

VTA2:电子节气门传感器 2 号信号端;

VC:工作电压;

VTA:电子节气门传感器 1 号信号端。

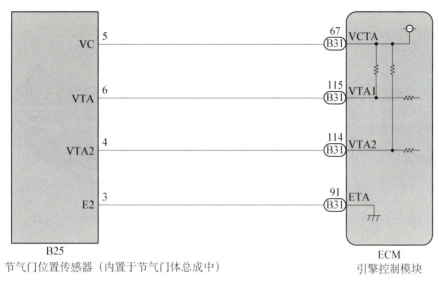

图 2-26 霍尔式节气门位置传感器电路图

（一）实施方案

1. 质量要求

参照厂家的质量标准要求。

2. 组织方式

每四位同学一组，检修卡罗拉车上的节气门位置传感器。要求：学生按照企业岗位操作规范进行作业。每组作业时间为 __30__ 分钟。

3. 作业准备

（1）技术要求与标准（见表 2-4）。

表 2-4　技术要求与标准

检测内容	端子号	条件	规定状态
1号节气门位置	—	完全松开油门踏板	0.5～1.1 V
		完全踩下油门踏板	3.3～4.9 V
2号节气门位置	—	完全松开油门踏板	2.1～3.1 V
		完全踩下油门踏板	4.6～5.0 V
ECM(VC)电压	B25-5(VC)与 B25-3(E2)	点火开关置于 ON	4.5～5.5 V

(2) 设备器材：故障诊断仪、万用表、常用工具一套（见图 2-27）。

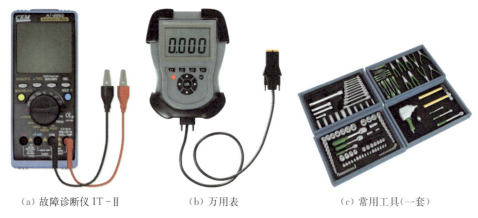

(a) 故障诊断仪 IT-Ⅱ　　(b) 万用表　　(c) 常用工具（一套）

图 2-27　设备器材

(3) 场地设施：消防设施的场地。
(4) 设备设施：2007 款卡罗拉 1.6AT 一辆。
(5) 耗材：干净抹布。

（二）操作步骤

1. 检测节气门开度

(1) 将诊断仪连接到 DLC3，点火开关置于 ON 位置（不起动发动机），打开诊断仪。

(2) 选择以下菜单项：

Function/Data List/Throttle Position No.1 and Throttle Position No.2，检查节气门开度。

(3) 读取诊断仪上的检测值（见图 2-28），记录检测值并与标准数据进行比对：

节气门位置传感器检测

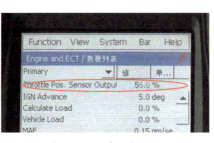

图 2-28　读取数据流

检测内容	完全松开油门踏板	完全踩下油门踏板
1号节气门位置	0.5～1.1 V	3.3～4.9 V
2号节气门位置	2.1～3.1 V	4.6～5.0 V

若检测数据不在正常范围内,则需再次读取故障码,检测故障码是否再次输出。

2. 检查节气门位置传感器电路

(1) 断开蓄电池负极端子,断开 ECM 连接器,断开节气门体连接器。

(2) 检查节气门位置传感器与 ECM 之间电路(见图 2-29)。将万用表置于欧姆(Ω)挡,检测以下两端子之间的电阻,记录检测数据并与标准数据进行比对:

B25-5(VC)与 B31-67(VCTA);

B25-6(VTA)与 B31-115(VTA1);

B25-4(VTA2)与 B31-114(VTA2);

B25-3(E2)与 B31-91(ETA);

标准电阻值应小于 1 Ω。

若任何两端子间电阻值不在规定范围内,则说明该段电路存在断路故障。

(3) 检测以下两端子之间的电阻,记录检测数据并与标准数据进行比对:

B25-5(VC)与车身搭铁;

B25-6(VTA)与车身搭铁;

B25-4(VTA2)与车身搭铁;

标准电阻值应小于 1 Ω。

若任何两端子间电阻值不在规定范围内,则说明该段电路存在短路故障。

(4) 重新连接空气流量计连接器。

(5) 重新连接 ECM 连接器,见图 2-30。

(6) 重新连接蓄电池负极端子。

3. 检测 ECM(VC 电压)

(1) 断开节气门体连接器。

(2) 将点火开关置于 ON 位置。

(3) 将万用表置于直流电压(V)挡,见图 2-31,检测以下两端子之间的电压,记录检测数据并与标准数据进行比对:

B25-5(VC)与 B25-3(E2);

标准电压值为 4.5~5.5 V。

若检测数据不在规定范围内,则需更换 ECM。

图 2-29 检查节气门位置传感器与 ECM 间电路

图 2-30 重新连接 ECM 连接器

图 2-31 检测 VC 电压

 任务小结

1. 霍尔式节气门体组成

霍尔式节气门体主要由霍尔IC、连接器、磁铁、节气门电机、节气门轴、节气门减速齿轮等组成。

2. 检测电子节气门位置传感器

(1) 检测节气门开度。

(2) 检查节气门位置传感器电路。

(3) 检测ECM(VC电压)。

 任务评价

(一) 课堂练习

1. 判断题

(1) 使用智能检测仪读取节气门位置传感器数据，VTA1读数应该在0.5~4.9 V之间连续变化。( )

(2) 拆下传感器连接器及ECU连接器，用万用表测B25-5与B31-67之间的电阻，应小于1Ω。( )

2. 单选题

(1) 检查标准节气门开度百分比时，换挡杆应在(   )位置。

　　A. P　　　　　　B. N　　　　　　C. D　　　　　　D. R

(2) 在以下检测节气门位置传感器的操作步骤的描述中错误的是(   )。

　　A. 在拆卸空气滤清器盖之前要先排放发动机冷却液

　　B. 在安装新的节气门体之前要先对新的节气门体进行检查

　　C. 在拆卸节气门体后，不需要用遮挡物遮挡安装口

　　D. 车上系统复检主要是检查节气门位置传感器和进行动作测试

(二) 技能测评

表2-5 技能评价表

序号	内　　容	分值	得分
1	能正确选用工具进行相关数据的测量	15	
2	能正确检测节气门开度	15	

续表

序号	内　容	分值	得分
3	能正确检查1.2号节气门在完全松开和完全踩下油门踏板时的电压	10	
4	能正确检查节气门位置传感器电路	15	
5	能正确检查相关端子之间的电阻	15	
6	能正确检查相关端子之间的电压	15	
7	能正确检查ECM(VC电压)	15	
总分		100	

(注：操作规范即得分,操作错误或未进行操作即0分)

学习任务 4　油门踏板位置传感器检修

任务目标

任务目标
- 熟知油门踏板的组成和安装位置。
- 能够正确描述油门踏板位置传感器工作原理。
- 能够在 30 分钟内完成油门踏板位置传感器的检修工作。

学习重点
- 油门踏板位置传感器检修任务实施。

知识准备

1. 油门踏板位置传感器功用

油门踏板主要由油门踏板总成、位置传感器和连接器等组成（见图 2-32）。油门踏板位置传感器用于检测油门踏板位置，安装在油门踏板支架上。

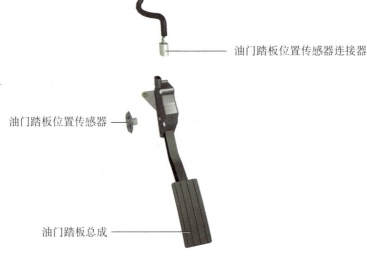

图 2-32　油门踏板组成

2. 油门踏板位置传感器工作原理

油门踏板位置传感器工作原理是施加在 ECM 端子 VPA 和 VPA2 上的电压在 0 V 到 5 V 之间变化，并与油门踏板（节气门）工作角度成比例。来自 VPA 的信号，指示实际油门踏板开度（节气门开度），并用于发动机控制。来自 VPA2 的信号，传输 VPA 电路的状态信息，并用于检查油门踏板位置传感器自身情况。

ECM 通过检测来自 VPA 和 VPA2 的信号监视实际油门踏板开度（节气门开度），并根据这些信号控制节气门执行器。

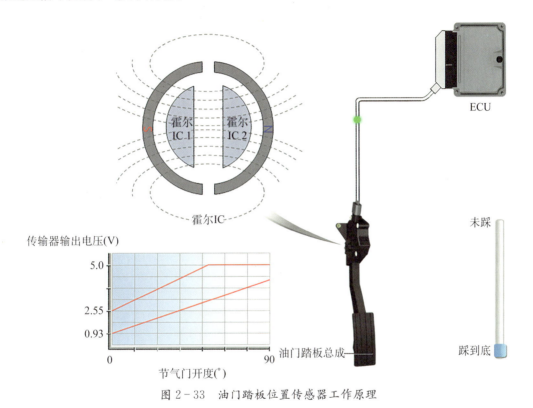

图 2-33 油门踏板位置传感器工作原理

3. 油门踏板位置传感器电路图

油门踏板位置传感器安装在油门踏板支架上并有 2 个传感器电路：VPA（主）和 VPA2（副）。

VCP2：2 号霍尔 IC 电压输出端；

VPA2：2 号霍尔 IC 信号输出端；

EPA2：2 号霍尔 IC 搭铁线；

VCPA：1 号霍尔 IC 电压输出端；

VPA：1 号霍尔 IC 信号输出端；

EPA：1 号霍尔 IC 搭铁线。

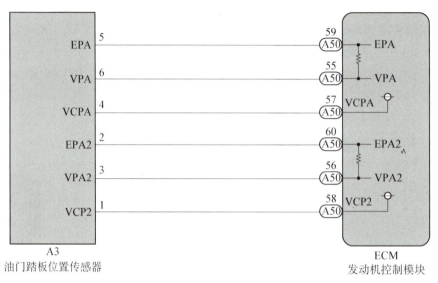

图 2-34 油门踏板位置传感器电路图

（一）实施方案

1. 质量要求

参照厂家的质量标准要求。

2. 组织方式

每四位同学一组，检修卡罗拉车上的油门踏板位置传感器。要求：按照企业岗位操作规范进行作业，每组作业时间为__30__分钟。

3. 作业准备

（1）技术要求与标准（见表 2-6）。

表 2-6 技术要求与标准

检测内容	端子号	条件	规定状态
1号油门踏板位置	—	完全松开油门踏板	0.5～1.1 V
		完全踩下油门踏板	2.6～4.5 V
2号油门踏板位置	—	完全松开油门踏板	1.2～2.0 V
		完全踩下油门踏板	3.4～5.0 V
ECM 电压	A3-4(VCPA) 与 A3-5(EPA)	点火开关置于 ON	4.5～5.5 V
	A3-1(VCP2) 与 A3-2(EPA2)		

续　表

检测内容	端子号	条件	规定状态
油门踏板位置控制电路	A3－2(EPA2)与A3－3(VPA2)	始终	36.60～41.61 kΩ
	A3－5(EPA)与A3－6(VPA)		

（2）设备器材：故障诊断仪、万用表、常用工具一套(见图 2－35)。

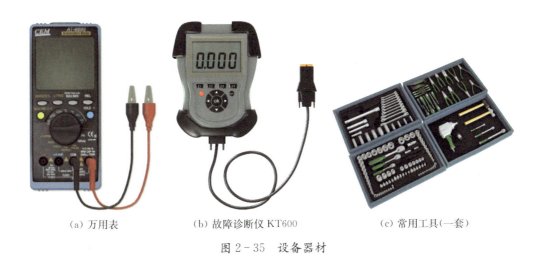

(a) 万用表　　(b) 故障诊断仪 KT600　　(c) 常用工具(一套)

图 2－35　设备器材

（3）场地设施：消防设施的场地。
（4）设备设施：2007 款拉罗拉 1.6AT 轿车一辆。
（5）耗材：干净抹布。

（二）操作步骤

1. 检测油门踏板位置

（1）将诊断仪连接到 DLC3,点火开关置于 ON 位置,打开诊断仪。
（2）选择以下菜单项：
Function/DataList/Accelerator Position No.1,Accelerator Position No.2,分别检查1、2号油门踏板位置。
（3）读取诊断仪上的检测值,记录检测值并与下表数据进行比对：

图 2－36　连接故障诊断仪

油门踏板位置传感器检测

检测内容	完全松开油门踏板	完全踩下油门踏板
1号油门踏板位置	0.5～1.1 V	2.6～4.5 V
2号油门踏板位置	1.2～2.0 V	3.4～5.0 V

若检测值不在规定范围内,则需检查 ECM。

2. 检测 ECM(VCPA 和 VCP2 电压)

(1) 断开油门踏板位置传感器连接器。

(2) 将点火开关置于 ON 位置。

(3) 将万用表置于直流电压(V)挡,检测以下两端子之间的电压(见图 2-37),记录检测数据并与标准数据进行比对:

A3-4(VCPA)与 A3-5(EPA);

A3-1(VCP2)与 A3-2(EPA2);

标准电压值为 4.5～5.5 V。

若检测数据不在规定范围内,则检查油门踏板位置传感器的 ECM 供电线路。

(4) 重新连接油门踏板位置传感器连接器。

图 2-37 检测 ECM 电压

3. 检查 ECM(油门踏板位置控制电路)

(1) 断开油门踏板位置传感器连接器。

(2) 将万用表置于欧姆(Ω)挡,检测以下两端子之间的电阻(见图 2-38),记录检测数据并与标准数据进行比对:

A3-2(EPA2)与 A3-3(VPA2);

A3-5(EPA)与 A3-6(VPA);

标准电阻值为 36.60～41.61 kΩ。

若检测数据不在规定范围内,则检查油门踏板位置传感器与 ECM 之间的电路通断情况。

图 2-38 检查油门踏板位置传感器电阻

4. 检查油门踏板位置传感器电路

(1) 检查线束和连接器(油门踏板位置传感器-ECM)。

① 断开蓄电池负极电缆。

② 断开 ECM_A50 连接器。

③ 将万用表置于欧姆(Ω)挡,检测以下两端子之间的电阻(见图2-39),记录检测数据并与标准数据进行比对:

A3-6(VPA)与A50-55(VPA);

A3-5(EPA)与A50-59(EPA);

A3-3(VPA2)与A50-56(VPA2);

A3-2(EPA2)与A50-60(EPA2);

标准电阻值应小于1Ω。

若任何两端子间电阻值不在规定范围内,则说明该段电路存在断路故障。

④ 检测以下两端子之间的电阻,记录检测数据并与标准数据进行比对:

A3-6(VPA)或A50-55(VPA)与车身搭铁;

A3-5(EPA)或A50-59(EPA)与车身搭铁;

A3-3(VPA2)或A50-56(VPA2)与车身搭铁;

A3-2(EPA2)或A50-60(EPA2)与车身搭铁;

标准电阻值为10 kΩ或更大。

若任何两端子间电阻值不在规定范围内,则说明该段电路存在短路故障。

图2-39 检查油门踏板位置传感器与ECM间的电阻

(2) 检查ECM供电电路(见图2-40)。

① 将万用表置于欧姆(Ω)挡,检测以下两端子之间的电阻,记录检测数据并与标准数据进行比对:

A3-4(VCPA)与A50-57(VCPA);

A3-1(VCP2)与A50-58(VCP2);

标准电阻值应小于1Ω。

若任何两端子间电阻值不在规定范围内,则说明该段电路存在断路故障。

图2-40 检查ECM供电电路

② 检测以下两端子之间的电阻,记录检测数据并与标准数据进行比对:

A3-4(VCPA)或A50-57(VCPA)与车身搭铁;

A3-1(VCP2)或A50-58(EPA2)与车身搭铁;

标准电阻值为10 kΩ或更大。

若任何两端子间电阻值不在规定范围内,则说明该段电路存在短路故障。

③ 重新连接油门踏板位置传感器连接器。

④ 重新连接ECM连接器。

任务小结

1. 油门踏板位置传感器

油门踏板位置传感器安装在油门踏板支架上,在油门踏板位置变化时,其通过向 ECM 传输与油门踏板工作角度成比例的电压信号来反馈实际油门踏板的开度。

2. 检测油门踏板位置传感器

(1) 检测油门踏板位置。

(2) 检测 ECM 电压。

(3) 检查油门踏板位置控制电路。

(4) 检查油门踏板位置传感器电路。

(5) 检查 ECM 供电电路。

（一）课堂练习

1. 判断题

(1) 1 号油门踏板位置的标准电压,在踩下油门踏板条件下,规定状态为 0.5～1.1 V。（   ）

(2) 传感器电压值测量时,将点火开关置于 ON,测量线束侧插头 1#、2# 端子与搭铁之间电压值应为 0 V。（   ）

2. 单选题

(1) 在车上检查油门踏板位置时,需要使用（   ）。

  A. 智能操作仪 B. 燃油表 C. 压力表 D. 电流表

(2) 1 号油门踏板位置的标准电压,在松开油门踏板条件下,规定状态为（   ）。

  A. 0.5～1.1 V B. 1.2～1.8 V C. 1.9～2.5 V D. 2.6～3.4 V

(3) 2 号油门踏板位置的标准电压,在松开油门踏板条件下,规定状态为（   ）。

  A. 0.1～0.4 V B. 0.5～0.8 V C. 0.9～1.1 V D. 1.2～2.0 V

（二）技能测评

表 2-7 技能评价表

序号	内　容	分值	得分
1	能正确选用工具进行相关数据的测量	5	

续 表

序号	内　　容	分值	得分
2	能正确检测油门踏板位置	5	
3	能正确读取1,2号油门踏板在松开和踩下油门踏板时诊断仪上的各个检测值	10	
4	能正确检测ECM电压	5	
5	能正确读取A3-4(VCPA)与A3-5(EPA)、A3-1(VCP2)与A3-2(EPA2)之间的电压	15	
6	能正确检查油门踏板位置控制电路	5	
7	能正确读取A3-2(EPA2)与A3-3(VPA2)、A3-5(EPA)与A3-6(VPA)之间的电阻	10	
8	能正确检查油门踏板位置传感器电路	5	
9	能正确读取需检测端子之间的电阻	15	
10	能正确检查ECM供电电路	5	
11	能正确读取A3-4(VCPA)与A50-57(VCPA)、A3-1(VCP2)与A50-56(VCP2)之间的电阻	10	
12	能正确读取A3-4(VCPA)与车身搭铁、A3-1(VCP2)与车身搭铁之间的电阻	10	
	总分	100	

(注：操作正确即得分,操作错误或未进行操作即0分)

学习任务 5　涡轮增压检测

任务目标

- 能够正确描述涡轮增压原理。
- 了解涡轮增压系统组成及工作原理。
- 掌握涡轮增压检测方法,完成涡轮增压检测工作。

学习重点

- 涡轮增压系统的组成及其增压原理。
- 涡轮增压检测的任务实施。

知识准备

1. 发动机增压的作用

发动机的输出功率大小与单位时间内燃烧的可燃混合气的量有关。为了提高发动机的输出功率,一个方法是提高发动机的排量,另一个方法是提高发动机的转速。但是提高发动机排量的同时也增加了发动机的重量和尺寸。另外,高速时运动部件的摩擦、振动和噪声也使发动机转速的提高受到一定的限制。发动机增压可以在不改变发动机排量、尺寸等情况下提高发动机的功率输出。

发动机增压就是将空气预先压缩后再供入气缸,以提高空气密度,增加进气量。增压后的发动机进气量增加,可相应地增加循环供油量,从而可以增加发动机功率。同时,增压还可以提高燃油经济性,改善发动机排放。

目前发动机上采用的增压控制系统按照动力驱动方式不同可分为机械增压、涡轮增压、气波增压及复合增压四种方式。下面我们主要介绍涡轮增压。

2. 涡轮增压系统组成及原理

废气涡轮增压系统主要由涡轮增压器、中冷器、增压传感器、膜片驱动器、旁通阀等组成,见图 2-41。涡轮增压利用发动机废气的能量推动废气涡轮增压器进行增压,不消耗发动机自身的能量。

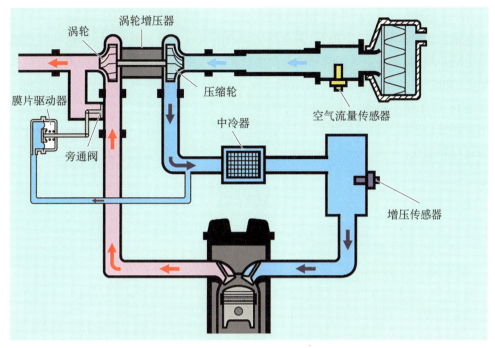

图 2-41 涡轮增压系统组成

涡轮增压器主要由进气蜗壳、压气机涡轮、底盘、油道、排气涡轮等组成。

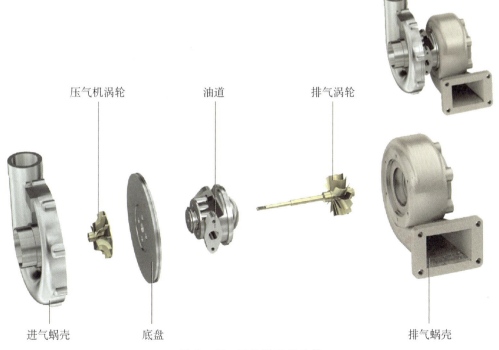

图 2-42 涡轮增压器结构

3. 增压原理

压缩轮和涡轮连接在一个轴上,来自排气管的废气推动使涡轮转动,涡轮通过连接轴带动压缩轮同步转动,来自空气滤清器的新鲜空气进入压缩轮的中部,空气在离心力的作用下沿压缩轮的叶片向外甩出,空气压力增高。发动机转速越高,废气流速越高,涡轮和压缩轮转速也越高,增压作用越强。

由于涡轮处于排气的高温环境中(600℃~700℃以上),因此一般是用耐热的合金材料或者陶瓷材料制成。

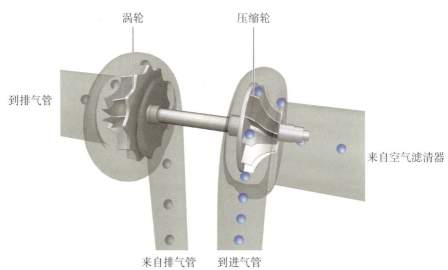

图2-43 涡轮增压原理

(一) 实施方案

1. 质量要求

参照厂家的质量标准要求。

2. 组织方式

每四位同学一组,完成帕萨特1.8TSI DSG至尊版轿车涡轮增压检测,按照企业岗位操作规范进行作业。每组作业时间为__20__分钟。

3. 作业准备

(1) 技术要求与标准:

① 保持现场卫生,水、油等不得洒于地面,应在规定位置摆放。

② 做好安全防护措施。

③ 保证增压效果良好。

(2) 场地设施:消防设施的场地。

（3）设备设施：2011款帕萨特1.8TSI DSG至尊版轿车一辆，手动真空泵。

（4）耗材：干净抹布。

（二）操作步骤

1. 检查涡轮增压器

（1）需要检查涡轮增压器的密封环是否密封。因为如果密封环没有密封住，那么废气会通过密封环进入发动机润滑系统，将机油变脏，并使曲轴箱压力迅速升高，从而造成机油的过度消耗，产生"烧机油"的情况。

（2）检查涡轮增压器有没有异响或者不寻常的震动，润滑油管和接头有没有渗漏。

2. 检查涡轮增压器的压力罐

（1）检查废气涡轮增压器经过增压压力限制电磁阀连接至压力软管是否导通。

（2）检测增压压力限制电磁阀是否正常工作。

（3）密封废气增压系统。

（4）起动发动机，并用一面镜子观察废气涡轮增压器处压力罐的操纵拉杆A的状况，同时让另外一名维修工踩踏油门踏板来提升发动机转速。此时，确保拉杆A移动。拉杆A位置见图2-44。

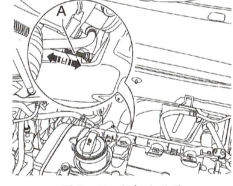

图2-44 拉杆A位置

（5）将手动真空泵VAS6213连接至压力罐，见图2-45。

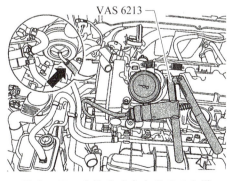

图2-45 连接手动真空泵至压力罐

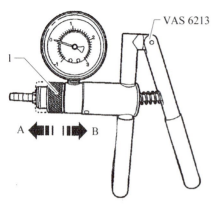

（6）将手动真空泵 VAS6213 的固定环 1 置于位置 B 处，见图 2-46。

（7）操纵手动真空泵数次，同时注意拉杆的状态。拉杆必须在约 300 mPa 以上运动，并在 700 mPa 时停止在止档位置。拉杆的行程约为 10 mm。

如果用手动真空泵无法生成压力或者压力立即下降，检测手动真空泵和连接软管的密封性，否则更换废气涡轮增压器。

图 2-46 固定手动真空泵固定环位置

◇ 压力不得高于 750 mPa，如超过此压力，压力罐可能损坏。

（1）发动机增压就是将空气预先压缩后再供入气缸，以提高空气密度，增加进气量。增压后的发动机进气量增加，可相应地增加循环供油量，从而可以增加发动机功率。同时，增压还可以提高燃油经济性，改善发动机排放。

（2）目前发动机上采用的增压控制系统按照动力驱动方式不同可分为：机械增压、涡轮增压、气波增压及复合增压四种方式。

（3）废气涡轮增压系统主要由涡轮增压器、中冷器、增压传感器、膜片驱动器、旁通阀等组成。

（一）课堂练习

1. 判断题

（1）进气增压机构可以增加发动机的功率。（　　）

（2）废气涡轮增压系统中，由于涡轮是被废气推动的，因而其转速不会受到 ECU 控制。（　　）

2. 单选题

（1）废气涡轮增压系统中，起增压作用的是（　　）。

　　A．涡轮　　　　　B．泵轮　　　　　C．涡轮与泵轮　　　　D．进气波动效应

（二）技能测评

表 2-8 技能评价表

序号	内　　容	分值	得分
1	检查涡轮增压器密封性	10	
2	检查涡轮增压器有无异响	30	
3	检测涡轮增压器的压力罐	40	
4	检查涡轮增压油管和接头有无渗漏	20	
	总分	100	

（注：操作规范即得分，操作错误或未进行操作即 0 分）

学习任务 6　VVT 执行器检修

任务目标

任务目标
- 了解 VVT 系统组成及功用。
- 能够理解并描述 VVT 系统控制原理及工作过程。
- 能够认知 VVT 执行器的结构,并能够描述其工作原理。
- 能够使用检测仪器对 VVT 执行器进行检测。

学习重点
- VVT 系统组成及其工作过程。
- VVT 执行器检修任务实施。

知识准备

可变气门正时技术的认知（VVT 技术）

1. VVT 系统功用

VVT(Variable Valve Timing)是发动机可变气门正时系统。VVT 通过控制进气门开启角度提前或延迟来调节进气量、气门开合时间和角度,使进入的空气量达到最佳,提高燃烧效率,以达到低转速进气量少,减少油耗,高转速进气量大,增加动力的目的。

2. VVT 系统组成

VVT 系统主要包括 VVT 相位控制器、凸轮轴正时机油控制阀总成(OCV)和 ECU(见图 2-47)。VVT 系统与凸轮轴系统组合装配,通过凸轮轴前端相位销定位组合,以 VVT 固定螺栓紧固。VVT 执行器就是 VVT 相位控制器、凸轮轴正时机油控制阀总成。

(1) VVT 相位控制器。

叶片式 VVT 相位控制器实际上是一个摆动油缸。由叶片、壳体及正时齿轮、凸轮轴螺栓、端盖、密封件、片状弹簧、锁销弹簧等组成。壳体与正时齿轮用紧固件连成一体,与链条、曲轴链轮同步转动;叶片通过固定螺栓与进气凸轮轴固连在一起,叶片上有 4 个叶齿。外壳内加工有 4 个凹槽,叶片的 4 个叶齿嵌装在外壳的

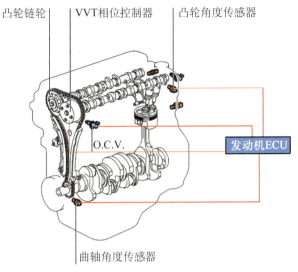

图 2-47 VVT 系统组成

4 个凹槽内。叶片的宽度小于外壳内凹槽的宽度,叶片与外壳装配后可在外壳的凹槽内来回转动。每个叶片将外壳内凹槽隔成两个工作腔,即"提前工作腔"和"延迟工作腔"。

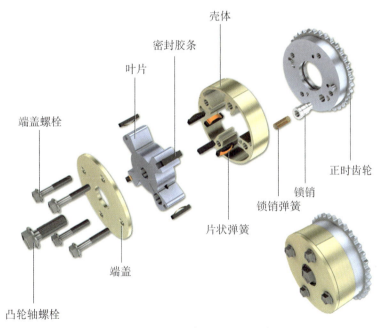

图 2-48 VVT 相位控制器结构

(2) 凸轮轴正时机油控制阀总成(OCV)。

凸轮轴正时机油控制阀的结构如图 2-49 所示,由电磁线圈、柱塞、滑阀、阀体等组成。凸轮轴正时机油控制阀的作用是根据发动机 ECM 的控制信号控制滑阀位置,从而控制油流是通往 VVT 相位控制器提前工作腔还是延迟工作腔,并控制油流的流量。

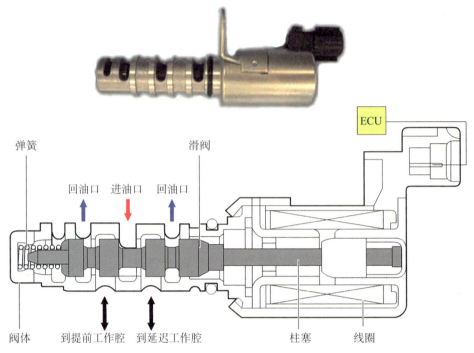

图 2-49 凸轮轴正时机油控制阀(OCV)结构

3. VVT 系统控制原理

发动机曲轴位置传感器、质量空气流量计、节气门体位置传感器、冷却液温度传感器、凸轮轴位置传感器和车速传感器等将信息传递给 ECU，ECU 根据这些信息与预定储存在 ECU 内部的参数值进行对比、修正，确立气门正时目标值，然后将计算出的目标值信号发送给凸轮轴正时机油控制阀(OCV)，OCV 根据 ECU 信号调节 OCV 阀芯的位置，即改变液压流量，把提前、滞后、保持不变等信号以油压方式反馈至 VVT 相位控制器的不同油道上。VVT 相位控制器通过调整凸轮轴转动角度从而达到调整进气(排气)量和气门开合时间、角度，使进入的空气量达到最佳，提高燃烧效率。VVT 系统控制原理见图 2-50。

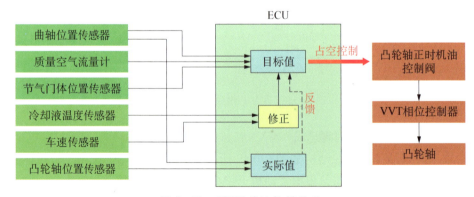

图 2-50 VVT 系统控制原理

4. VVT 系统工作过程

（1）配气正时提前。

当凸轮轴正时机油控制阀的控制信号占空比大于 50% 时，滑阀向左移动量大，油压作用在叶片提前工作腔，油压推动叶片向配气正时提前方向转动（链轮旋转方向），见图 2-51。

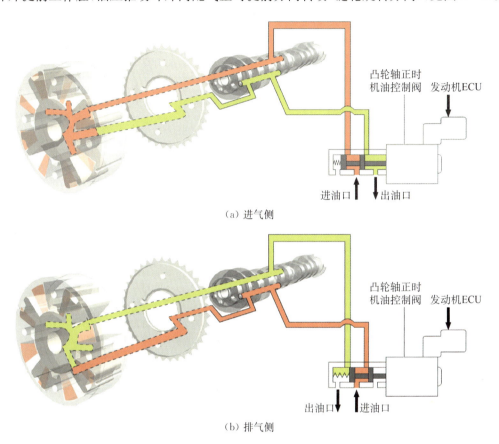

图 2-51 提前位置

（2）配气正时延迟。

当凸轮轴正时机油控制阀的控制信号占空比小于 50% 时，滑阀向左移动量小，油压作用

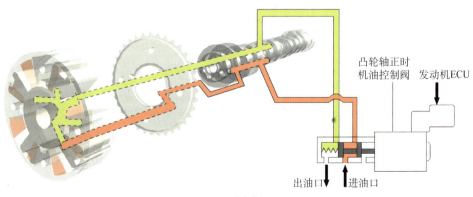

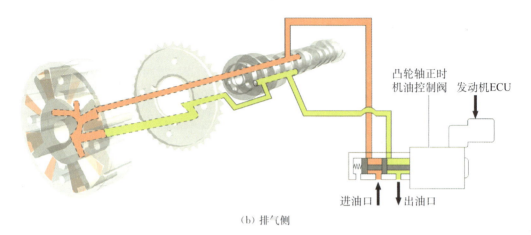

(b) 排气侧

图 2-52 延迟位置

在叶片延迟工作腔,油压推动叶片向配气正时延迟方向转动(链轮转动反方向),见图 2-52。

(3) 保持位置。

当凸轮轴正时机油控制阀的控制信号占空比等于 50% 时,滑阀位于中间位置并同时关闭提前工作腔和延迟工作腔的油路,提前工作腔和延迟工作腔油压相等,此时叶片保持在目前的位置不动,配气正时不再变化,见图 2-53。

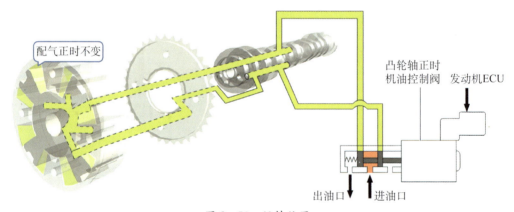

图 2-53 保持位置

(一) 实施方案

1. 质量要求

参照厂家的质量标准要求。

2. 组织方式

每四位同学一组,检修卡罗拉车上的 VVT 执行器,按照企业岗位操作规范进行作业。每组作业时间为 __30__ 分钟。

3. 作业准备

（1）技术要求与标准：

① 根据工艺标准操作步骤对凸轮轴正时机油控制阀进行正确拆卸与安装。

② 在检测凸轮轴正时机油控制阀时，严禁用力拉扯线束，轻拿轻放正时机油控制阀。

（2）设备器材：故障诊断仪、万用表、常用工具一套（见图 2-54）。

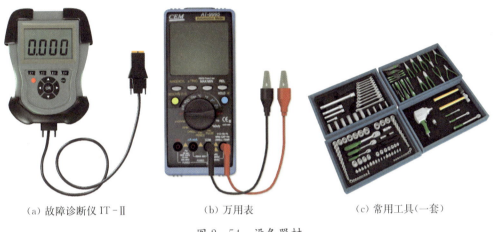

(a) 故障诊断仪 IT-Ⅱ　　　(b) 万用表　　　(c) 常用工具（一套）

图 2-54　设备器材

（3）场地设施：消防设施的场地。

（4）设备设施：2007 款卡罗拉 1.6AT 一辆、汽车电脑故障诊断仪一台。

（5）耗材：干净抹布。

（二）操作步骤

1. 确认故障现象

（1）使用故障诊断仪进行主动测试。

① 将故障诊断仪连接到汽车的 DLC3 诊断接口。

② 将点火开关置于 ON 位置，起动发动机，并打开故障检测仪。

③ 选择以下菜单项：Powertrain/Engine and ECT/Active Test/Control the VVT System。

④ 打开空调开关。

⑤ 当操作正时机油控制阀且发动机冷却液温度为 50℃ 或更低时，使用故障诊断仪检查发动机转速。正常情况如下表所示：

VVT 执行器检修

条件	规定状态
VVT 系统关闭(OCV 关闭)	发动机转速正常
VVT 系统打开(OCV 打开)	发动机怠速不稳或失速

如果检测结果不在规定范围内,则需要对凸轮轴正时机油控制阀总成及其控制线路进行检查。

(2)检查凸轮轴正时机油控制阀线束和连接器。

① 拆卸 2 号气缸盖罩。

② 断开凸轮轴正时机油控制阀总成连接器,断开 ECU 连接器,见图 2-55。

图 2-55 断开凸轮轴正时机油控制阀总成连接器

图 2-56 使用万用表检测电阻

③ 使用万用表,调至欧姆挡,使用连接线将万用表表笔分别连接至连接器端的两个线束连接处,测量电阻,见图 2-56。

标准电阻如下:

线束连接器前视图:
(至凸轮轴正时机油控制阀)

线束连接器前视图:(至ECM)

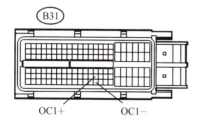

图 2-57 凸轮轴正时机油控制阀连接器线束

万用表连接	条件	规定状态
B23-1(OC1+)- B31-100(OC1+)	始终	小于1Ω
B23-2(OC1-)- B31-123(OC1-)		

如果检测电阻不在规定范围内,则更换凸轮轴正时机油控制阀总成连接线束,见图 2-57。

2. 检查凸轮轴正时机油控制阀总成

(1) 拆卸凸轮轴正时机油控制阀总成,见图2-58。

① 断开凸轮轴正时机油控制阀总成连接器后,使用棘轮扳手、接杆和套筒工具松开并拆下凸轮轴正时机油控制阀总成固定螺栓。

② 拆下凸轮轴正时机油控制阀总成。

图2-58 拆卸凸轮轴正时机油控制阀总成

(2) 检查凸轮轴正时机油控制阀总成。

① 检查电阻(见图2-59):

使用万用表,调至欧姆挡,使用连接线将万用表表笔分别连接至凸轮轴正时机油控制阀总成端口的两个线束连接处,测量凸轮轴正时机油控制阀总成电阻。标准电阻如下表所示:

万用表连接	条件	规定状态
1~2	20℃	6.9~7.9Ω

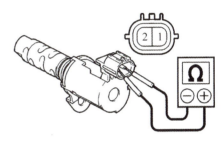

图2-59 测量凸轮轴正时机油控制阀总成电阻

如果检测结果不在规定范围内,则更换凸轮轴正时机油控制阀总成。

② 检查凸轮轴正时机油控制阀的移动(见图2-60):

将蓄电池正极(+)引线连接至端子1,负极(-)引线连接至端子2(见图2-61),并检查凸轮轴正时机油控制阀的运动情况。确认凸轮轴正时机油控制阀能自由移动且在所有位置不卡滞,如果存在异常,则更换凸轮轴正时机油控制阀总成。

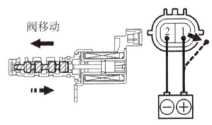

图2-60 检查凸轮轴正时机油控制阀的移动

图2-61 连接凸轮轴正时机油阀和蓄电池

◇ 如果凸轮轴正时机油控制阀内存在异物,需将异物清理干净。
◇ 异物累积会导致阀内轻微的机油压力泄漏。

3. 安装凸轮轴正时机油控制阀总成

(1) 在凸轮轴正时机油控制阀总成 O 形圈上涂抹一层薄薄的发动机机油。

(2) 将凸轮轴正时机油控制阀总成安装至发动机上,旋入凸轮轴正时机油控制阀总成固定螺栓,并按维修手册规定的紧固扭矩紧固凸轮轴正时机油控制阀总成固定螺栓。

(3) 连接凸轮轴正时机油控制阀总成线束连接器。

(4) 连接 ECU 连接器。

(5) 安装 2 号气缸盖罩。

4. 任务检查

(1) 使用故障诊断仪对轿车进行检查,检查是否有故障码输出、主动测试情况是否正常。

(2) 路试检查发动机是否正常运转、车辆驾驶是否正常。

1. VVT 系统组成

可变气门正时(VVT)系统主要包括凸轮轴正时机油控制阀总成(OCV)、VVT 相位控制器和 ECU。

2. VVT 系统控制原理

发动机曲轴位置传感器、质量空气流量计、节气门位置传感器、冷却液温度传感器、凸轮轴位置传感器和车速传感器等将信息传递给 ECU,ECU 根据这些信息与预先储存在 ECU 内部的参数值进行对比、修正,确立气门正时目标值,而后将计算出的目标值信号发送给 OCV,OCV 根据 ECU 信号调节 OCV 阀芯的位置,也就是改变液压流量,把提前、滞后、保持不变等信号以油压方式反馈至 VVT 相位控制器的不同油道上,通过调整凸轮轴转动角度从而达到调整进气(排气)量和气门开合时间、角度,使进入的空气量达到最佳,提高燃烧效率。

3. VVT 执行器检修步骤

(1) 使用故障诊断仪确认故障;

(2) 检查凸轮轴正时机油控制阀线束和连接器;

(3) 检查凸轮轴正时机油控制阀总成电阻及其移动情况;

(4) 安装凸轮轴正时机油控制阀总成。

（一）课堂练习

1. 判断题

（1）VVT通过控制进气门开启角度提前或延迟来调节进气量，以达到低转速进气多，减少油耗，高转速进气少，增加动力的目的。（　　）

（2）VVT系统工作时不需要参考冷却液温度传感器提供的信息。（　　）

（3）发动机系统通过控制OCV阀油道的变化，实现控制连续可变气门正时机构控制阀提前或滞后，从而实现正时变化和进气量的控制。（　　）

（4）检查凸轮轴正时机油控制阀的移动时，阀内的异物不需要清理。（　　）

2. 单选题

（1）VVT系统对于发动机不具备以下哪项功能？（　　）。
　　A．提高发动机的输出功率和扭矩　　B．降低油耗
　　C．降低噪音　　D．减少排放

（2）发动机的VVT系统的供油路线为（　　）。
　　A．机油集滤器—机油泵—机油滤清器—VVT执行器—OCV—进气凸轮轴
　　B．机油集滤器—机油泵—机油滤清器—OCV—VVT执行器—进气凸轮轴
　　C．机油集滤器—机油泵—机油滤清器—OCV—进气凸轮轴—VVT执行器
　　D．机油集滤器—机油泵—机油滤清器—进气凸轮轴—OCV—VVT执行器

（3）故障诊断仪诊断记录的故障码为P0010，则可能的故障不包括（　　）。
　　A．油门踏板位置传感器损坏
　　B．凸轮轴位置传感器连接器脱落
　　C．凸轮轴正时机油控制阀总成电磁阀电阻值异常
　　D．OCV与ECU连接的ECU端连接器测量电阻值异常

（二）技能测评

表2-9　技能评价表

序号	内　　容	分值	得分
1	能正确选用正确的工具进行相关数据的测量	10	
2	检查质量空气流速率的值	10	
3	检查空气流量计电源电压（B2-3与车身搭铁）	10	

续 表

序号	内　　容	分值	得分
4	检测空气流量计输出电压(5(VG)与4(E2G))	10	
5	检查空气流量计与ECM之间电路(B2-5与B31-118)	10	
6	检查空气流量计与ECM之间电路(B2-2与B31-116)	10	
7	检查空气流量计与ECM之间电路(B2-5与车身搭铁)	10	
8	检查空气流量计与ECM之间电路(B2-4与车身搭铁)	10	
9	检查传感器搭铁电路(B2-4与车身搭铁)	10	
10	空气流量计电阻(1(THA)与2(E2))	10	
	总分	100	

(注：操作正确即得分，操作错误或未进行操作即0分)

项目三 燃油供给系统检修

项目导入

　　燃油供给系统是汽车发动机的重要系统。在汽车中,燃油供给系统工作状况的好坏,直接影响着汽车的动力性、经济性和环保性。

　　本项目通过对燃油供给系统的检查,让学生认识燃油供给系统基本构造,掌握燃油供给系统故障的诊断流程和检修方法。

发动机气缸内直喷技术认识

电控发动机燃油系统维修注意事项

学习目标

素养目标
- 了解安全操作要求,养成安全文明操作的习惯。
- 养成组员之间互相协作的习惯。
- 实施操作结束后,清洁工具,并将工具设备归位,清洁场地。

技能目标
- 能够使用汽车检测专用工具检测元器件工作情况,并分析故障原因。
- 依据汽车维修操作要求,熟练规范地完成电控燃油供给系统故障诊断作业。

知识目标
- 能够描述燃油供给系统基本组成及其基本原理。
- 认知燃油供给系统各主要组成部件的结构、功用及其工作原理。
- 掌握电控燃油供给系统重要组成部件的检测方法。

学习任务

学习任务 1
◇ 燃油系统压力检测

学习任务 2
◇ 燃油滤清器检测

学习任务 3
◇ 油压调节器检修

学习任务 4
◇ 电动汽油泵检修

学习任务 5
◇ 喷油器检修

学习任务 6
◇ 冷却液温度传感器检修

学习任务 1　燃油系统压力检测

任务目标

任务目标
- 能够认知燃油供给系统基本组成。
- 能够叙述燃油供给系统基本原理。
- 能够按照规范的操作流程完成燃油压力检测工作。

学习重点
- 燃油供给系统基本组成及基本原理。

知识准备

燃油供给系统的功用是根据发动机运转工况的需要,向发动机供给一定数量的、清洁的、雾化良好的燃油,以便与一定数量的空气混合形成可燃混合气。同时,燃油供给系统还需要储存相当数量的燃油,以保证汽车有相当远的续驶里程。随着技术的不断发展,电控燃油供给系统已被普遍使用。

1. 燃油供给系统组成

电控燃油供给系统主要由燃油箱、电动燃油泵、燃油滤清器、燃油分配管、油压调节器、喷油器和输油管等组成,见图 3-1,有的还设有油压脉动缓冲器。

图 3-1　燃油供给系统组成

燃油供给系统中的燃油分配管(见图3-2)也被称作"共轨",其功用是将燃油均匀、等压地输送给各缸喷油器。由于它的容积比较大,故有储油蓄压、减缓油压脉动的作用。

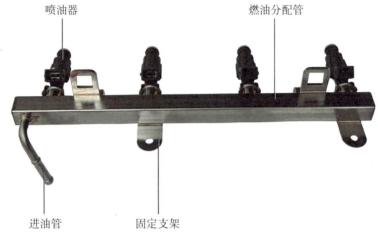

图3-2 燃油分配管结构

2. 燃油供给系统工作原理

电动燃油泵将燃油箱中的燃油泵入燃油滤清器。燃油滤清器对流过的燃油进行过滤,过滤后的燃油进入燃油分配管,在压力调节器的作用下,燃油分配管中的燃油压力维持在规定范围内。燃油分配管将燃油分配给各缸喷油器。喷油器根据电控单元的指令将燃油适时地喷入进气管中。当油路中油压升高时,压力调节器自动调节,将多余燃油返回油箱,从而

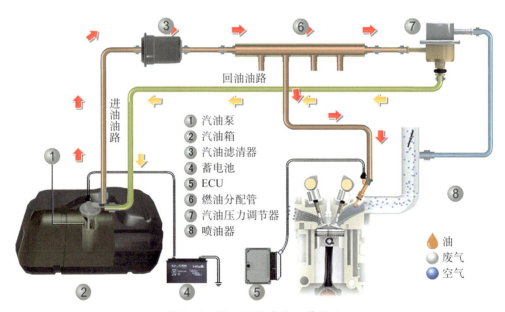

图3-3 燃油供给系统工作原理

保持送给喷油器的燃油压力基本不变。

3. 燃油系统常见故障分析

燃油供给系统是给发动机提供燃油的重要系统。燃油系统内部的燃油压力是由于燃油泵加压之后产生的,由于燃油泵的转速快慢不同,才导致燃油系统内部的燃油压力不稳定。为了保持燃油系统内部的燃油压力恒定,需要用燃油压力调节器对燃油系统压力进行调节,以便燃油量的控制。

燃油供给系统性能的好坏及故障诊断,主要通过检测燃油压力来判断。检测发动机运转时燃油管路内的油压,可以判断电动燃油泵或调节器有无故障,燃油滤清器是否堵塞。检测燃油压力时,应准备一个量程为 1 MPa 左右的油压表及专用的油管接头。

燃油供给系统油压可能会出现过高、过低、不稳或残压保持不住等情况,这都与油压调节器有关。

(1) 当系统油压过高时,首先对系统卸压,拆下油压调节器上的回油管,起动发动机怠速运行,观察油压调节器回油管,如果回油管回油少或没有回油,则油压调节器工作不良,应予以检修或更换。

(2) 当系统油压过低时,首先起动发动机怠速运行,夹住回油软管,如油压立即上升至 400 kPa 以上,则油压调节器工作不良,应予以检修或更换。注意不要使系统油压高于 450 kPa,否则容易损坏油压调节器。

(3) 起动发动机怠速运行,拔去油压调节器上真空管,油压应上升 50 kPa 左右,如不符合,则油压调节器工作不良,应予以检修或更换。

如果燃油泵不工作或密封不严,也会导致燃油系统油压过低。

检测燃油系统压力需要借用燃油压力表来进行检测。燃油压力表的使用方法是将燃油压力表用三通接头接在燃油压力调节器和喷油嘴之间的管路上进行测量。根据测得值可容易判断电动燃油泵、油压调节器等燃油系统元件的工作情况。

任务实施

(一) 实施方案

1. 质量要求
参照厂家的质量标准要求。

2. 组织方式
每四位同学一组,检查卡罗拉车燃油系统压力,按照企业岗位操作规范进行作业。每组作业时间为 20 分钟。

3. 作业准备
(1) 技术要求与标准:
① 拆卸燃油系统中的任意一个部件之前都要对燃油系统进行卸压。

② 检测蓄电池电压要在规定的范围内(正常电压为 11 V～14 V)。
③ 正确使用专用工具安装燃油压力表。
(2) 场地设施：消防设施的场地。
(3) 设备设施：2007 款卡罗拉 1.6AT 轿车一辆、常用工具一套。
(4) 耗材：干净抹布。

(二) 操作步骤

1. 检查燃油箱及油管

(1) 从前到后检查燃油管路有无泄漏、压痕或其他损坏，检查油管固定架有无损坏或松动。

(2) 检查燃油管接头是否有泄漏或松动，见图 3-4。

图 3-4 检查燃油管路接头

(3) 检查燃油箱连接管路是否损坏，燃油软管有无扭曲、裂纹或凸起，安装是否牢固，见图 3-5。

图 3-5 检查燃油箱连接管路

2. 燃油系统卸压

检测燃油压力之前需要对燃油系统进行卸压。

3. 燃油压力检测

(1) 用万用表检测蓄电池两端电压是否正常(正常电压为 11 V～14 V)，见图 3-6。

燃油压力检测

图 3-6 检测蓄电池电压

(2) 断开蓄电池负极端子,见图 3-7。

图 3-7 拆卸蓄电池负极电缆

(3) 从主燃油管上断开燃油软管,见图 3-8。

图 3-8 断开燃油软管

(4) 用专用工具安装燃油压力表,见图 3-9。

图 3-9 安装燃油压力表

(5) 重新连接蓄电池负极端子,见图 3-10。

图 3-10 连接蓄电池负极端子

(6) 将诊断仪连接至诊断座上,见图 3-11,打开仪器并选择以下菜单:

Function/Active test/Control the Fuel Pump/Speed,起动电动汽油泵,测量燃油压力,并与标准值(304 至 343 kPa)进行比较。

图 3-11 连接故障诊断仪

图 3-12 观察燃油压力

如果燃油压力大于标准值,则更换燃油压力调节器;

如果燃油压力小于标准值,则检查燃油软管和管路连接情况,检查燃油泵、燃油滤清器和油压调节器。

(7) 断开诊断仪,见图 3-13,起动发动机,保持急速运转。

图 3-13 断开诊断仪

(8) 测量怠速时燃油压力(见图 3-14),并与标准值(304 至 343 kPa)进行比较。

如果燃油压力大于标准值,则更换燃油压力调节器;

如果燃油压力小于标准值,则检查燃油软管和管路连接情况,检查燃油泵、燃油滤清器和油压调节器。

图 3-14 读取怠速燃油压力

(9) 关闭发动机,检查并确认燃油压力在发动机停止后能按规定持续 5 分钟的燃油系统压力(见图 3-15),并与标准值(147 kPa 或更高)进行比较。

如果燃油压力不符合规定,则检查燃油泵或喷油器。

图 3-15 读取熄火后燃油压力

(10) 检查燃油压力后,断开蓄电池负极端子,拆下燃油压力表,见图 3-16。

图 3-16 拆下燃油压力表

(11) 将燃油管重新连接到主燃油管上。

(12) 再次检查燃油管路接头处是否渗漏,见图3-17。

图 3-17 检查燃油管路及接头

◇ 检测燃油压力之前需要对燃油系统进行卸压。
◇ 对燃油系统进行操作时,严禁吸烟或靠近明火。

1. 燃油供给系统组成

电控燃油供给系统主要是由燃油箱、电动燃油泵、燃油滤清器、燃油分配管、油压调节器、喷油器和输油管等组成,有的还设有油压脉动缓冲器。

2. 丰田卡罗拉轿车的燃油压力

丰田卡罗拉轿车的燃油压力正常值是:怠速时的燃油压力为 304 至 343 kPa;发动机停止工作后能按规定持续 5 分钟的燃油压力为 147 kPa 或更高。

3. 检查燃油系统压力的主要操作步骤

(1) 检查燃油系统是否有外渗漏。
(2) 对燃油系统进行卸压。
(3) 燃油压力检测。

(一)课堂练习

1. 判断题

(1) 可以使用燃油压力表直接检测燃油系统压力。( )
(2) 检测燃油系统压力之前,需要对外部连接管路进行渗漏检查。( )
(3) 如果检测出燃油压力过高,则可以直接更换燃油压力调节器。( )
(4) 关闭发动机检测燃油系统持续 5 分钟后的燃油压力,若小于规定值,则更换喷油器。( )

2. 单选题

(1) 检测燃油系统压力都包括哪些项目？（　　）。

　　A．静态燃油压力　　　　　　　　B．动态燃油压力

　　C．燃油系统保持压力　　　　　　D．以上都是

(2) 关闭发动机检测燃油系统持续 5 分钟后的燃油压力，规定值是（　　）。

　　A．304 kPa～343 kPa　　　　　　B．147 kPa 或更高

　　C．150 kPa～250 kPa　　　　　　D．75 kPa～105 kPa

（二）技能测评

表 3-1　技能评价表

序号	内　　容	分值	得分
1	检查燃油系统是否有外渗漏	10	
2	对燃油系统进行卸压	5	
3	安装燃油压力表	10	
4	使用诊断仪检测燃油系统压力	20	
5	检测怠速情况下的燃油系统压力	20	
6	关闭发动机检测燃油系统保持燃油压力	20	
7	拆下燃油压力表	10	
8	再次检查燃油管路是否有渗漏	5	
	总分	100	

（注：操作正确即得分，操作错误或未进行操作即 0 分）

学习任务 2　燃油滤清器更换

任务目标

任务目标
- 能够掌握燃油滤清器的结构和原理。
- 依据汽车维修操作要求,能在 20 分钟内完成燃油滤清器拆卸与安装工作。

学习重点
- 燃油滤清器拆卸与安装的任务实施。

知识准备

1. 燃油滤清器结构

燃油滤清器安装在电动燃油泵出口侧的油路中。它主要是由壳体、滤芯、内孔管、座圈等组成,见图 3-18。滤芯采用菊花形结构,这种结构的特点是单位体积内过滤面积大。滤清器内经常承受 200～300 kPa 的燃油压力,因此,要求滤清器壳体及油管的耐压强度应在 500 kPa 以上。

燃油滤清器的作用是清除燃油中的粉尘、铁锈等固体杂质,防止供油系统阻塞,减少机械磨损,提高发动机工作的可靠性。

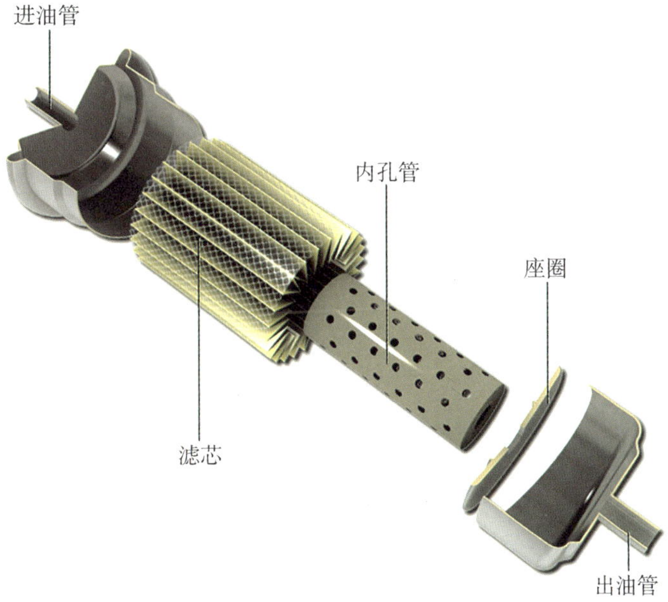

图 3-18　燃油滤清器结构

2. 燃油滤清器工作原理

燃油滤清器的工作原理如下图,来自油箱内带有杂质的汽油经过燃油滤清器,杂质被吸附在滤纸上,过滤后的纯净汽油则流向发动机。

燃油滤清器外壳上一般标有指示汽油流向的箭头,在安装时箭头应朝向燃油分配管一侧。有些汽车的燃油滤清器的两个管口分别标有"IN"和"OUT",在安装时"IN"管口应与电动燃油泵一侧连接,"OUT"管口应与燃油分配管一侧连接。错误安装后会导致系统油压过低并损坏滤清器和喷油器。

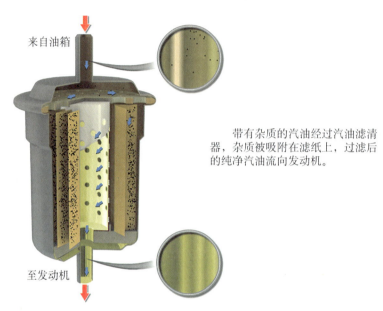

图 3-19　燃油滤清器工作原理

3. 燃油滤清器的维护与保养

燃油滤清器滤芯堵塞后,燃油数量减少,导致车辆故障发生,需要及时更换。汽车燃油滤清器的更换周期一般在行驶里程 10 000 公里左右,具体最佳更换时机可以参考车辆使用手册上的说明。

燃油滤清器、空气滤清器与机油滤清器同时更换,这也就是我们日常所说的"三滤"。定期更换"三滤"是保养发动机的关键途径,对减少发动机磨损,保证发动机使用寿命有着极其重要的意义。

(一) 实施方案

1. 质量要求
参照厂家的质量标准要求。

2. 组织方式
每四位同学一组,更换卡罗拉车上的燃油滤清器,按照企业岗位操作规范进行作业。每组作业时间为　20　分钟。

3. 作业准备

（1）技术要求与标准：

① 拆卸燃油系统中的任意一个部件之前都要对燃油系统进行卸压。

② 拆卸燃油滤清器之前，需用抹布对燃油滤清器及连接管路进行清洁。

③ 安装燃油滤清器之前，注意燃油滤清器的安装方向，不能装反。

（2）场地设施：消防设施的场地。

（3）设备设施：2007款卡罗拉1.6AT轿车一辆、汽车电脑故障诊断仪一台。

（4）耗材：干净抹布。

（二）操作步骤

1. 燃油系统卸压

拆卸燃油滤清器之前需要对燃油系统进行卸压。

更换燃油滤清器

2. 拆卸燃油滤清器

（1）根据维修手册，选用10 mm套筒和棘轮扳手拧松蓄电池负极电缆紧固螺母，取下蓄电池负极电缆，见图3-20。

（2）根据举升机操作规范举升车辆。

图3-20 断开蓄电池负极电缆

（3）选用十字螺丝刀，拆卸燃油滤清器卡夹紧固螺丝，见图3-21。

（4）断开燃油滤清器搭铁端子。

（5）使用棉布擦净燃油滤清器进出油管接口处的污物，避免污物进入油管内。

（6）放置液体输给器，按下进油管接头锁环按钮，拔出燃油滤清器进油管。

图3-21 拆卸燃油滤清器

（7）按下燃油滤清器出油管锁环按钮，拔出燃油滤清器出油管。

（8）从固定卡箍上取下燃油滤清器。

◇ 对燃油系统进行操作时，严禁吸烟或靠近明火。

◇ 取出燃油滤清器时禁止使用金属物敲击，拆下后，应注意不能与金属混合放置。

3. 安装燃油滤清器

（1）检查新的燃油滤清器外观是否有损伤。

（2）在安装燃油滤清器前，更换新的进出油管连接处的 O 型圈。（更换新的燃油滤清器后一般应更换新的 O 型密封圈）

（3）将新燃油滤清器安装到卡箍上。

（4）连接进出油管，并听到"咔"的一声，确保连接可靠。

（5）清洁燃油滤清器进出油管处的油污，并安装接地端子。

图 3-22 安装燃油滤清器

（6）安装燃油滤清器卡箍紧固螺丝，并降下车辆。

（7）根据维修手册，选用 10 mm 套筒和扭力扳手，连接蓄电池负极接线柱电缆（见图 3-23），并使用扭力扳手紧固蓄电池负极电缆紧固螺母至标准扭矩。

（8）起动发动机，检查是否有燃油泄漏，如果没有，则进行路面试跑，试跑结束后再次举升车辆，检查燃油滤清器的两端接头处是否有燃油泄漏。

图 3-23 连接蓄电池负极电缆

◇ 安装燃油滤清器时，燃油滤清器上的箭头标示必须指向出油管，见图 3-22。
◇ 燃油滤清器安装到卡箍上后，在两端油管的接头处涂抹一层燃油，再安装燃油管连接器。

1. 燃油滤清器组成

燃油滤清器主要有壳体、油塞、滤芯、滤网等组成。

2. 燃油滤清器作用

燃油滤清器的作用是清除燃油中的粉尘、铁锈等固体杂质，防止供油系统堵塞，减少机械磨损，提高发动机工作的可靠性。

3. 拆卸燃油系统任一部件时,需注意事项

(1) 检查和维修燃油系统前,将电缆从蓄电池负极端子上断开。
(2) 对燃油系统进行操作时,严禁吸烟或靠近明火。
(3) 避免橡胶或皮制零件接触到汽油。

(一)课堂练习

1. 判断题

(1) 燃油滤清器在发动机中起到过滤机油的作用。(　　)
(2) 燃油滤清器主要有壳体、油塞、滤芯、滤网等组成。(　　)
(3) 拆卸燃油滤清器时,可以直接拆卸,不需要对燃油系统进行卸压。(　　)
(4) 更换燃油滤清器之后,旧O型圈可以继续使用,为了节约材料,不需要更换。(　　)

2. 单选题

(1) 在拆卸燃油滤清器时,拆卸的顺序是(　　)。
　　A. 先对燃油系统进行卸压　　　　B. 先对燃油管路进行清洁
　　C. 先拆卸燃油滤清器的固定支架　D. 任意拆卸
(2) 拆下任何燃油系统零件之前需要注意(　　)。
　　A. 先对燃油系统进行卸压　　　　B. 严禁吸烟或靠近明火
　　C. 避免橡胶或皮制零件接触到汽油　D. 以上全是
(3) 以下对燃油滤清器在燃油系统中作用的描述中错误的是(　　)。
　　A. 过滤粉尘　　　　　　　　　　B. 过滤铁锈
　　C. 过滤水分　　　　　　　　　　D. 过滤固体杂质
(4) 以下对安装燃油滤清器的描述中正确的是(　　)。
　　A. 带箭头的一侧指向出油管　　　B. 带箭头的一侧指向发动机
　　C. 箭头无论指向何方,都没关系　　D. 不确定

(二)技能测评

表 3-2 技能评价表

序号	内　容	分值	得分
1	燃油卸压	20	
2	拆卸燃油滤清器	30	

续 表

序号	内　容	分值	得分
3	安装燃油滤清器总成	25	
4	检查燃油滤清器有无泄漏并清洁	25	
	总分	100	

(注：操作规范即得分，操作错误或未进行操作即0分)

学习任务 3　油压调节器检修

任务目标

任务目标
- 能够认知油压调节器的结构。
- 能够正确描述油压调节器的工作原理。
- 依据汽车维修操作要求,规范、熟练地在 20 分钟内完成油压调节器检修工作。

学习重点
- 油压调节器的工作原理。

知识准备

1. 油压调节器结构

油压调节器的功用是使燃油供给系统的压力与进气管压力之差即喷油压力保持恒定。油压调节器的结构如图 3-24 所示。在壳体上有真空管通口、燃油入口和出口。膜片将

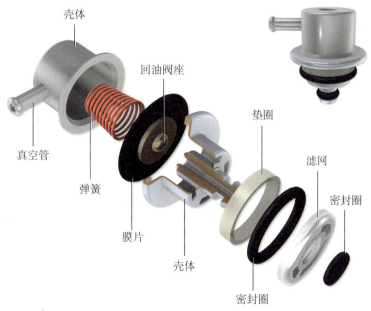

图 3-24　油压调节器结构

油压调节器的内腔分成弹簧室和燃油室两部分,弹簧室与进气管相通,燃油室与供油管道相通。

2. 油压调节器工作原理

发动机所需要的燃油量是由电控单元给喷油器的通电时间来控制的。如果不控制燃油压力,即使给喷油器的通电时间相同,燃油压力不同,喷油量也不相同。当燃油压力高时,燃油喷射量增加;燃油压力低时,燃油喷射量减少。喷油器是将燃油喷射在进气道中的,尽管燃油压力相对大气压力是一定的,但由于进气管内的真空度是不断变化的,因此,即使是给喷油器的通电时间和燃油压力保持不变,喷油量也会发生变化。当进气管内绝对压力低时,燃油喷射量增加;进气管内绝对压力高时,燃油喷射量减少。油压调节器无论节气门开度多大,都能使喷油器中的油压与进气管负压之差始终保持在约 250 kPa。这样,喷油器的喷油量完全只受喷油器的通电时间长短控制。

发动机工作时,电动燃油泵将燃油泵入燃油分配管和油压调节器,燃油顶动压力调节器膜片,使油压与弹簧力相平衡,多余的燃油从出口流回燃油箱。当节气门开度增大,使进气管内负压减小时,弹簧使膜片上移,使油压上升;当节气门开度减小,使进气管内负压增大时,弹簧室真空吸力克服弹簧张力使膜片向下拱曲,使油压下降。燃油室内部分燃油流回燃油箱,使油压下降,使喷油压力始终恒定在约 250 kPa。

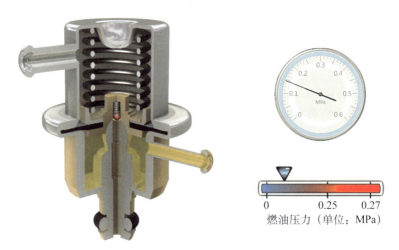

图 3-25 油压调节器工作原理

(一) 实施方案

1. 质量要求

参照厂家的质量标准要求。

2. 组织方式

每四位同学一组,每四位同学一组,检修卡罗拉车上的油压调节器检修,按照企业岗位操作规范进行作业。每组作业时间为__45__分钟。

3. 作业准备

(1) 技术要求与标准：

① 拆卸燃油系统油管前，须先释放燃油系统压力。

② 发动机怠速时的燃油系统压力为 304 kPa～343 kPa。

③ 发动机停止工作时的燃油系统压力为 147 kPa 或更高。

(2) 设备器材：燃油压力表、常用工具一套（见图 3-26）。

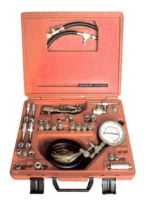

(a) 常用工具(一套)　　　　　(b) 燃油压力表

图 3-26　设备器材

(3) 场地设施：消防设施的场地。

(4) 设备设施：2007 款卡罗拉 1.6AT 轿车一辆。

(5) 耗材：干净抹布。

（二）操作步骤

1. 检查油压调节器工作状况

(1) 测量怠速时的燃油系统油压：其值为 200～250 kPa。

(2) 拔下油压调节器真空软管时：燃油系统压力应提高 50 kPa。

若不符合，应更换油压调节器。

(3) 夹住油压调节器回油管时：燃油压力应上升 100 kPa。

若不符合，可能是油泵、油压调节器故障。

2. 检查油压调节器保持压力（当燃油系统保持压力＜147 kPa 时，应作此项检查）

(1) 让电动燃油泵运转 10 min。

(2) 用包上软布的钳子将油压调节器的回油管夹紧，使油压调节器不起作用。

(3) 5 min 后观察燃油压力，该压力称为油压调节器保持压力。

若仍然低于燃油系统保持压力的标准（147 kPa），说明故障不在油压调节器；相反，则说明油压调节器有泄漏，需要更换。

任务小结

1. 燃油压力调节器结构

燃油压力调节器结构：壳体、真空管、弹簧、膜片、滤网、密封圈等组成。

2. 燃油压力调节器的作用

燃油压力调节器的作用：保持燃油压力和进气管道内真空度之间的压力差为恒定值。

3. 燃油压力调节器工作原理

燃油压力调节器工作原理：真空吸力、燃油压力、弹簧力三者之间的动态平衡。

4. 油压调节器的主要检测步骤

（1）工作状况的检查：

① 燃油系统卸压。

② 用万用表检测蓄电池两端电压是否正常（正常电压为 11 V～14 V）。

③ 断开蓄电池负极端子，从主燃油管上断开燃油软管。

④ 用专用工具安装燃油压力表，重新连接蓄电池负极端子。

⑤ 连接诊断仪，测量怠速时燃油压力，燃油压力应在 304 kPa～343 kPa。

（2）保持压力的检查：

① 关闭发动机，检查并确认燃油压力在发动机停止后能按规定持续 5 分钟。

② 检测发动机停止后持续 5 分钟的燃油压力。

③ 检查燃油压力后，断开蓄电池负极端子，拆下压力表安装专用工具。

④ 将燃油管重新连接到主燃油管上。

⑤ 检查燃油是否泄漏。

任务评价

（一）课堂练习

1. 判断题

（1）燃油压力调节器是用来调节燃油系统压力恒定的装置。（   ）

（2）燃油压力调节器可以分为内装式（即安装在燃油箱内）和外装式（安装在燃油分配管上）。（   ）

（3）油压调节器的好坏可以通过检查工作油压和保持油压进行检查。（   ）

2. 单选题

（1）燃油压力调节器主要是调节哪三者之间的动态平衡？（   ）。

　　A．真空吸力、燃油压力、弹簧力　　　　B．空气压力、燃油压力、弹簧力

C. 燃油吸力、弹簧力、真空吸力　　　D. 真空压力、燃油吸力、弹簧力

（2）检查保持压力时，燃油系统的规定压力应为（　　）。

A. 100 kPa　　　B. 125 kPa　　　C. 147 kPa　　　D. 147 kPa 或更高

（二）技能测评

表 3-3　技能评价表

序号	内　容	分值	得分
1	燃油系统卸压	15	
2	燃油压力常规检查	40	
3	油压调节器工作状况检查	25	
4	油压调节器保持压力检查	20	
	总分	100	

（注：操作规范即得分，操作错误或未进行操作即 0 分）

学习任务 4　电动燃油泵检修

任务目标

任务目标
- 能够认知电动燃油泵结构。
- 能够正确叙述电动燃油泵工作原理。
- 能够在 30 分钟内完成电动燃油泵的检修工作。

学习重点
- 电动燃油泵检修的任务实施。

知识准备

1. 涡轮式电动燃油泵结构

电动燃油泵是一种由小型直流电动机驱动的燃油泵,其作用是给电控燃油系统提供具有一定压力的燃油。

涡轮式电动燃油泵结构如图 3-27 所示。涡轮式电动燃油泵的特点是泵油量大、泵油压

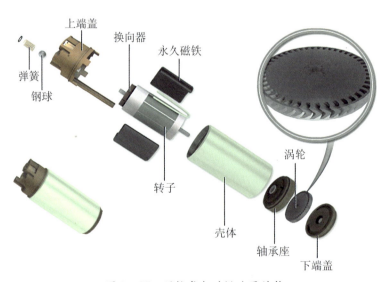

图 3-27　涡轮式电动燃油泵结构

力高、供油压力稳定、运转噪声小、使用寿命长等,所以应用最为广泛。

2. 涡轮式电动燃油泵工作原理

电动燃油泵工作时,永磁电动机通电带动泵体旋转,将燃油从进油口吸入,燃油经电动燃油泵内部,再从出油口压出,给燃油系统供油,见图3-28。电动燃油泵的转速和泵油量由外加电压决定,通常情况下为恒定值。

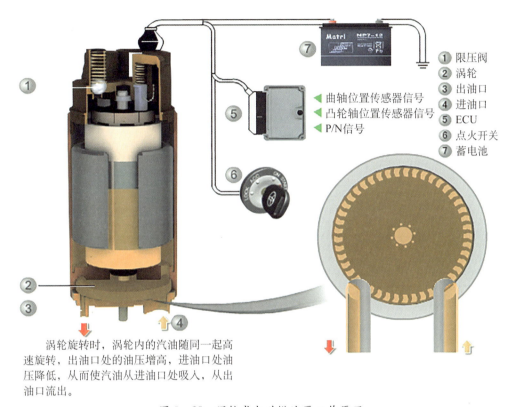

涡轮旋转时,涡轮内的汽油随同一起高速旋转,出油口处的油压增高,进油口处油压降低,从而使汽油从进油口处吸入,从出油口流出。

① 限压阀
② 涡轮
③ 出油口
④ 进油口
⑤ ECU
⑥ 点火开关
⑦ 蓄电池

曲轴位置传感器信号
凸轮轴位置传感器信号
P/N信号

图3-28 涡轮式电动燃油泵工作原理

在电动燃油泵的出油口处设有一个止回阀,可以在发动机熄火后,防止燃油倒流,以保持燃油供给系统有一定的残余压力,便于下次起动。

在电动燃油泵的进油口或出油口处设有一个安全阀,可在燃油滤清器或高压管路阻塞等意外情况发生时,打开而卸压,从而保护直流电动机。

在电动燃油泵的进油口处安装有一个滤网,可防止杂质进入燃油泵造成卡死或密封不良。

3. 电动燃油泵控制电路

轿车燃油泵控制电路如图3-29所示。燃油泵控制电路的基本控制功能是,当发动机运转时,油泵才开始工作。即使点火开关接通,只要发动机没有转动,油泵就不工作。但是,当发动机点火开关置于"ON"位时,发动机控制模块ECM接收到点火开关闭合的信号后,只控制油泵运转2秒后停止,使供油管路中油压升高,为发动机起动工作做好准备。发动机起动

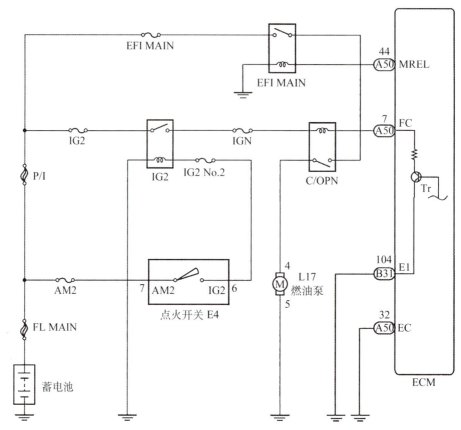

图 3-29 电动燃油泵控制电路

后油泵再继续工作。

预运转：闭合点火开关 E4，IG2 继电器和 EFI MAIN 继电器触点闭合。蓄电池经过保险丝向发动机控制模块 ECM 供电，电控单元 ECM 接收到点火开关闭合的信号后，控制燃油泵短时间工作 2 s 后停止。

起动运转：当点火开关 E4 处于起动挡时，发动机控制模块 ECM 接收到发动机转速信号后，使 ECM 内的晶体三极管导通，使 C/OPN 继电器触点处于闭合状态，燃油泵连续工作。发动机停止运转时，继电器触点断开，切断电源供电电路。同时，发动机控制模块 ECM 内的晶体三极管截止 C/OPN 继电器和 EFI MAIN 继电器触点打开，切断燃油泵电路，电动燃油泵停止工作。

4. 电动燃油泵常见故障

表 3-4 常见故障表

故障部位	对燃油供给系统的影响	对发动机的影响
安全阀漏油或弹簧失效	供油压力偏低，供油量不足	发动机工作不平稳或不工作，发动机加速不良，发动机无力

续表

故障部位	对燃油供给系统的影响	对发动机的影响
单向阀漏油	输油管路不能建立残压	发动机起动困难
进油滤网堵塞	供油不足,燃油泵发出尖锐的异响声	发动机高速踹振、无高速、加速不良、严重时怠速不稳
电动机烧坏	无燃油供应	发动机不工作
燃油泵磨损	泵油压力不足	发动机起动困难、动力不足、加速不良

(一) 实施方案

1. 质量要求

参照厂家的质量标准要求。

2. 组织方式

每四位同学一组,检修卡罗拉车上的电动燃油泵,按照企业岗位操作规范进行作业。每组作业时间为__30__分钟。

3. 作业准备

(1) 技术要求与标准:

① 检查燃油系统前,需断开蓄电池负极端子。

② 不要拆解燃油泵和汽油滤清器,它们为不可重复使用零件。

③ 燃油泵自身内部电阻(20℃时)为 0.2~3.0 Ω。

④ 连接智能检测仪时,点火开关需要处于关闭状态。

(2) 设备器材:故障诊断仪、万用表(见图 3-30)。

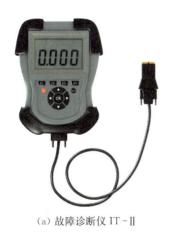
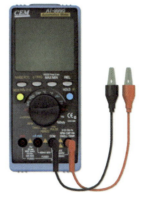

(a) 故障诊断仪 IT-Ⅱ   (b) 万用表

图 3-30 设备器材

(3) 场地设施:消防设施的场地。

(4) 设备设施:2007款卡罗拉1.6AT轿车一辆。

(5) 耗材:干净抹布。

(二) 操作步骤

1. 检查电动燃油泵工作情况

(1) 放置好车轮挡块,安装三件套(翼子板、地板垫、方向盘套),拉紧手刹。

(2) 诊断仪连接到DLC3,点火开关置于ON位置,打开诊断仪,见图3-31。

图3-31 连接故障诊断仪

(3) 选择以下菜单:

Function/Active test/Control the Fuel Pump/Speed,执行主动测试,检查并确认是否能听到燃油泵运转的声音,见图3-32。

如果听不到声音,则检查集成保险丝、继电器、燃油泵、ECM和配线连接器。

图3-32 燃油泵主动测试

(4) 将点火开关置于OFF位置,从车上断开智能检测仪。

2. 检查ECM控制电路

(1) 检查线束和连接器(ECM-车身搭铁)。

① 关闭点火开关,断开蓄电池负极。

② 断开ECM连接器。

③ 将万用表置于欧姆(Ω)挡,检测以下两端子之间的电阻,记录检测数据并与标准数据进行比对:

B31-104(E1)-车身搭铁(见图3-33);

标准电阻值应小于1Ω。

如果异常,则维修或更换线束或连接器(ECM-车身搭铁)。

若检测正常,则进行下一步。

(2) 检查ECM(IGSW电压)。

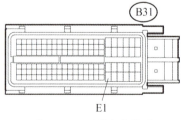

图3-33 ECM连接器

① 关闭点火开关,断开蓄电池负极。
② 断开 ECM 连接器。
③ 将点火开关置于 ON 位置。
④ 将万用表置于电压(V)挡,检测以下两端子之间的电阻,记录检测数据并与标准数据进行比对:

A50-28(IGSW)-车身搭铁(见图 3-34);

标准电压值为 11~14 V。

如果异常,则检查保险丝(IGN 保险丝)。

若检测正常,则检查保险丝(EFI MAIN 保险丝)。

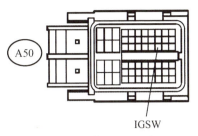

图 3-34　线束连接器前视图（至 ECM）

3. 检查保险丝(IGN 保险丝)

(1) 从仪表板接线盒上拆下 IGN 保险丝。

(2) 将万用表置于欧姆(Ω)挡,检测以下两端子之间的电阻,记录检测数据并与标准数据进行比对:

IGN 保险丝(见图 3-35);

标准电阻值应小于 1 Ω。

如果保险丝异常,则更换保险丝;反之则检查 C/OPN 继电器。

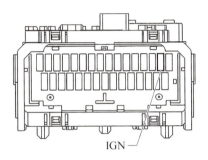

图 3-35　仪表板接线盒

(3) 重新安装 IGN 保险丝。

4. 检测汽油泵电路断路继电器(C/OPN)

(1) 断开仪表板接线盒连接器。

(2) 根据下表中的值测量电阻,见图 3-36、3-37。

检测端子	检测条件	标准值
2A-8-2B-11	始终	10 kΩ 或更大
	在端子 2B-10 和 2F-4 上施加蓄电池电压	小于 1 Ω

图 3-36　汽油泵电路断路继电器

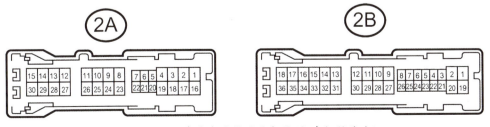

图 3-37　没有线束连接的零部件(仪表板接线盒)

如果异常,则更换仪表板接线盒(C/OPN继电器);

若检测正常,则进行下一步。

5. 检查线束和连接器

(1) 检查 C/OPN 继电器-ECM 之间的线束和连接器。

① 断开 ECM 连接器,断开仪表板接线盒连接器。

② 根据下表中的值测量电阻,见图3-38。

标准电阻(断路检查):

检测端子	检测条件	标准值
2B-10 与 A50-7(FC)	始终	小于1Ω

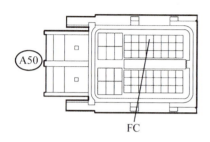

图3-38 线束连接器前视图（至ECM）

标准电阻(短路检查):

检测端子	检测条件	标准值
2B-10 或 A50-7(FC)-车身搭铁	始终	10 kΩ 或更大

如果异常,则维修或更换线束或连接器(C/OPN继电器-ECM);

若检测正常,则进行下一步。

③ 重新安装 ECM 连接器,重新安装仪表板接线盒连接器,见图3-39。

(2) 检查 C/OPN 继电器-集成继电器(EFI MAIN 继电器)之间的线束和连接器。

① 从发动机室接线盒上拆下集成继电器。

② 断开集成继电器连接器,断开仪表板接线盒连接器。

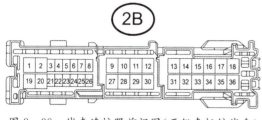

图3-39 线束连接器前视图（至仪表板接线盒）

③ 根据下表中的值测量电阻,见图 3-40。

标准电阻(断路检查):

检测端子	检测条件	标准值
2B-11-1B-4	20℃	120~280 kΩ

标准电阻(短路检查):

检测端子	检测条件	标准值
2B-11 或 1B-4-车身搭铁	始终	10 kΩ 或更大

如果异常,则维修或更换线束或连接器。

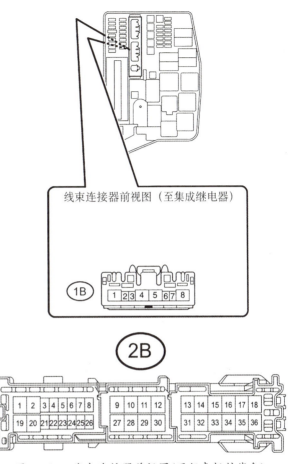

图 3-40 线束连接器前视图(至仪表板接线盒)

(3) 检查 C/OPN 继电器-燃油泵之间的线束和连接器。

① 将点火开关置于"LOCK"位置,断开蓄电池负极端子,见图 3-41。

图 3-41 断开蓄电池负极端子

② 断开燃油泵连接器,断开仪表板接线盒连接器,见图 3-42。

图 3-42 断开连接器

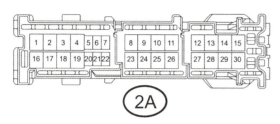

图 3-43 线束前侧视图(至仪表板接线盒)

③ 根据下表中的值测量电阻,见图 3-43。

标准电阻(断路检查):

检测端子	标准条件	标准值
2A-8-L17-4	始终	小于 1Ω

标准电阻(短路检查):

检测端子	检测条件	标准值
2A-8 或 L17-4-车身搭铁	始终	10 kΩ 或更大

如果异常,则维修或更换线束或连接器(C/OPN 继电器-燃油泵),见图 3-44;若检测正常,则进行下一步。

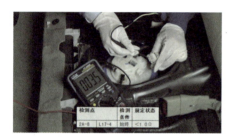

图 3-44 检查 C/OPN 继电器-燃油泵之间的电阻

(4) 检查燃油泵-车身搭铁之间的线束和连接器,见图 3-45。

① 将万用表置于欧姆(Ω)挡,检测端子 L17-5 与车身搭铁点之间的电阻。

② 根据下表中的值测量电阻。

检测端子	检测条件	标准值
L17-5-车身搭铁	始终	小于 1Ω

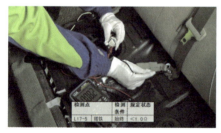

图 3-45 检查燃油泵-车身搭铁间的电阻

如果异常,维修或更换线束或连接器(燃油泵-车身搭铁)。

若检测正常,则进行下一步。

6. 检查电动燃油泵总成

(1) 拆卸电动燃油泵。

① 燃油系统卸压。

② 断开蓄电池负极端子电缆。
③ 断开汽油箱主油管。

 注意事项

◇ 断开油管接头后需用塑料袋套住,以免灰尘或污垢进入油管。

④ 断开燃油蒸发管。
⑤ 断开炭罐出口软管。
⑥ 拆卸燃油泵仪表挡圈。
⑦ 拆卸燃油油管。
⑧ 拆卸燃油表传感器。
⑨ 拆下燃油泵。
(2) 检查电动燃油泵。
① 将万用表置于欧姆(Ω)挡,检测电动汽油泵连接器端子1、2之间的电阻,见图3-46。
② 记录测量电阻值,与下表数据进行比对。

检测端子	检测条件	标准值
1~2	20℃	0.2~3.0 Ω

图3-46 检查电动燃油泵电阻

如果结果不符合规定状态,则更换燃油泵。
(3) 安装电动汽油泵。
① 在新O形圈上涂抹汽油,然后将其安装到燃油滤清器上。连接汽油泵线束,重新装配电动汽油泵。
② 检查电动汽油泵仪表挡圈的配合。
③ 安装燃油吸油管。
④ 连接汽油箱蒸发管。
⑤ 连接炭罐出口软管。
⑥ 连接燃油箱主管。
⑦ 连接蓄电池负极端子。
⑧ 检查燃油是否泄漏。
⑨ 安装后地板检修孔盖和后排座椅坐垫。

任务小结

1. 涡轮式电动汽油泵组成

涡轮式电动汽油泵主要由涡轮、转子、永久磁铁、换向器等组成。

2. 涡轮式电动汽油泵工作原理

涡轮旋转,涡轮内的汽油随同一起旋转,离心力作用下使出油口产生高压,进油口油压降低。

3. 检测电动燃油泵

(1) 检查电动燃油泵工作情况。
(2) 检查 ECM 控制电路。
(3) 检查保险丝(IGN 保险丝)。
(4) 检测汽油泵电路断路继电器(C/OPN)。
(5) 检查线束和连接器。
(6) 检查电动燃油泵总成。

任务评价

(一) 课堂练习

1. 判断题

(1) 涡轮式电动汽油泵主要由涡轮、转子、永久磁铁、换向器等组成。(　　)
(2) 在检查 C/OPN 继电器与电动汽油泵之间线束和连接器时,端子 2A-8 与端子 L17-4 之间的正常电阻应不小于 1 Ω。(　　)
(3) 如果电动燃油泵断路继电器损坏,将不会影响燃油泵正常运转。(　　)

2. 单选题

(1) 丰田卡罗拉采用以下哪种类型的燃油泵?(　　)。
　　A. 涡轮式燃油泵　　　　　　B. 滚珠式燃油泵
　　C. 翼片式燃油泵　　　　　　D. 齿轮式燃油泵
(2) 电动汽油泵在 20℃状态下,标准电阻值为(　　)。
　　A. 0.1 Ω～2.0 Ω
　　B. 0.2 Ω～0.3 Ω
　　C. 0.2 Ω～3.0 Ω
　　D. 0.3 Ω～4.0 Ω

（二）技能评价

表 3-5　技能评价表

序号	内　容	分值	得分
1	检查电动燃油泵工作情况	10	
2	检查线束和连接器（ECM-车身搭铁）	10	
3	检查 ECM（IGSW 电压）	10	
4	检查保险丝（IGN 保险丝）	5	
5	检测汽油泵电路断路继电器（C/OPN）	5	
6	检查 C/OPN 继电器-ECM 之间的线束和连接器	10	
7	检查 C/OPN 继电器-集成继电器（EFI MAIN 继电器）之间的线束和连接器	10	
8	检查 C/OPN 继电器-燃油泵之间的线束和连接器	10	
9	检查燃油泵-车身搭铁之间的线束和连接器	5	
10	拆卸电动燃油泵	5	
11	检查电动燃油泵	10	
12	安装电动汽油泵	10	
	总分	100	

（注：操作规范即得分，操作错误或未进行操作即 0 分）

学习任务 5　喷油器检修

任务目标

任务目标
- 能够熟知喷油器结构和作用。
- 能够正确叙述喷油器工作原理。
- 能够在 30 分钟内按照正确工艺流程完成喷油器检修工作。

学习重点
- 喷油器检修的任务实施。

知识准备

汽油发动机喷油器的认知

1. 喷油器结构

轿车发动机使用的喷油器是电磁式喷油器，通过绝缘垫装在进气管上。它的作用是根据电控单元的指令将燃油以雾状的形态喷入进气管内。

喷油器一般由壳体、电磁线圈、回位弹簧、衔铁、针阀和滤网等组成，如图 3-47

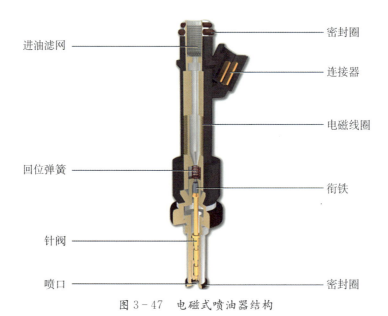

图 3-47　电磁式喷油器结构

所示为轴针式喷油器结构。其优点是针阀前端的轴针伸入喷孔,可使燃油以环状喷出,有利于雾化,且由于轴针在喷口中不断运动,故喷孔不易阻塞。缺点是燃油雾化质量稍差,且由于针阀质量较大,因而动态响应性较差。

2. 喷油器工作原理

发动机工作时,电控单元的喷油控制信号将喷油器的电磁线圈与电源回路接通。电磁线圈中有电流通过便产生磁场,磁芯被吸引,与磁芯同为一体的针阀向上移动碰到调整垫时,针阀全开,燃油从喷口喷出。当没有电流通过电磁线圈时,在弹簧的作用下,使针阀下移压在阀座上并起密封作用。电磁式喷油器工作原理如图 3-48 所示。

喷油器的喷油量与针阀行程、喷口面积、喷油环境压力及燃油压力等因素有关,但这些因素一旦确定后,喷油量就由针阀的开启时间,即电磁线圈的通电时间来决定。各喷油器的喷油持续时间由电控单元控制,当某缸活塞处于进气行程时,电控单元指令喷油器喷油。

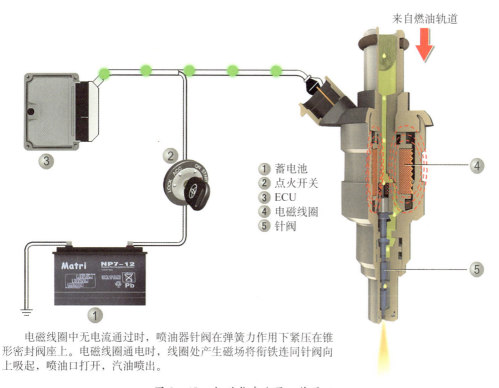

电磁线圈中无电流通过时,喷油器针阀在弹簧力作用下紧压在锥形密封阀座上。电磁线圈通电时,线圈处产生磁场将衔铁连同针阀向上吸起,喷油口打开,汽油喷出。

图 3-48 电磁式喷油器工作原理

3. 喷油器控制电路

轿车喷油器控制电路如图 3-49 所示:点火开关 E4 闭合,IG2 继电器线圈通电,产生电磁力把触点吸合。电流分别通过 4 个喷油器与电脑 ECM 相连接。每个喷油器都有单独的三极管进行开、闭的控制。

如果喷油器出现故障,将会造成发动机不能正常工作。需要对喷油器进行检测,在对喷油器检测的过程中需要注意一下事项:

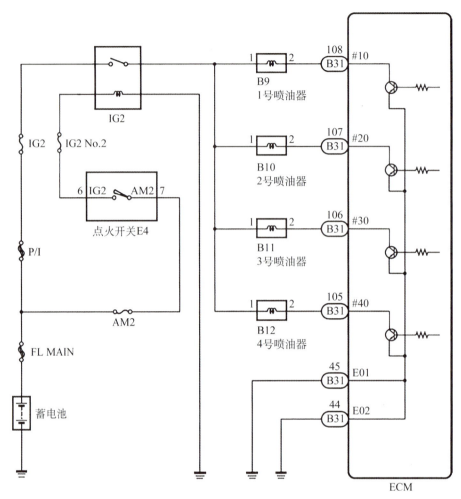

图 3-49 喷油器控制电路

（1）主要对喷油器线圈的电阻、喷油量、雾化效果及针阀卡滞和泄漏的检测。
（2）在检测喷油器电路，主要检测喷油器与 ECM 间的导线和连接器是否良好。
（3）检查喷油器继电器是否出现故障，传感器接线头是否导通。
（4）电子控制单元（ECM）有无信号输入和输出。

4. 喷油器的常见故障及影响

表 3-6 常见故障表

故障部位	对燃油供给系统的影响	对发动机的影响
电动喷油器胶结、电动喷油器堵塞	电动喷油器不喷油或喷油量少，喷油雾化不良	发动机动力下降、加速迟缓、怠速不稳定、容易熄火、发动机不能工作或不稳定
电磁线圈或内部线路连接处断路	电动喷油器不喷油	发动机工作不稳定或不工作

续 表

故障部位	对燃油供给系统的影响	对发动机的影响
电动喷油器密封不严	电动喷油器漏油	油耗上升、排气管放炮、发动机起动困难、冒黑烟
电动喷油器阀口积污	喷油量减少	发动机工作不稳定、进气管回火、动力性差、加速性能差

任务实施

（一）实施方案

1. 质量要求

参照厂家的质量标准要求。

2. 组织方式

每四位同学一组，完成卡罗拉车喷油器检修工作，按照企业岗位操作规范进行作业。每组作业时间为__30__分钟。

3. 作业准备

（1）技术要求与标准：

① 安装智能检测仪之前，需将点火开关处于关闭状态。

② 拆拔喷油器线束之前，需要断开蓄电池负极。

③ 发动机怠速时的喷油器持续时间 1.0～2.5 ms。

④ 喷油器线圈绕组电阻（20℃的条件下）为 11.6～12.4 Ω。

⑤ 喷油器的电源电压为 9～14 V。

（2）场地设施：消防设施的场地。

（3）设备设施：2007款卡罗拉1.6AT轿车一辆、汽车故障诊断仪、万用表。

（4）耗材：干净抹布。

（二）操作步骤

1. 检测喷油器工作情况

（1）检测气缸喷油时间。

① 将诊断仪连接至诊断座上，点火开关置于ON位置并开启诊断仪。

图 3-50 连接故障诊断仪

检测喷油器

图 3-51　起动发动机暖机

图 3-52　检测气缸喷油时间

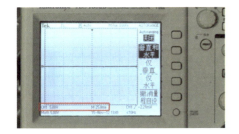

图 3-53　起动发动机

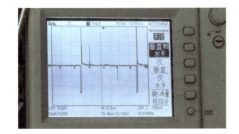

图 3-54　检测喷油器波形

② 使发动机以 1 000 rpm 的转速运转约 30 秒暖机，见图 3-51。

③ 使发动机处于怠速状态，选择以下菜单：
Function/Data List/Injection，检测气缸喷油时间，见图 3-52。

④ 诊断仪上显示的正常状态应在 1.0~2.5 ms 之间。

（2）检测喷油器脉冲波形。

① 起动发动机，使发动机处于怠速运转状态，见图 3-53。

② 打开示波器电源开关，调整示波器量程为 5 V/格、25 ms/格。检测以下两端子间的脉冲波形（见图 3-54）：

B31-108(10#) 与 B31-45(E01)；
B31-107(20#) 与 B31-45(E01)；
B31-106(30#) 与 B31-45(E01)；
B31-105(40#) 与 B31-45(E01)。

③ 比对正常波形，分析检测波形。

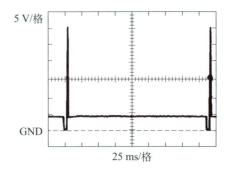

图 3-55　分析喷油器波形

2. 检查喷油器电源电压

（1）断开喷油器总成连接器，将点火开关置于 ON 位置，见图 3-56。

图 3-56 断开喷油器总成连接器

（2）将万用表旋转开关置于电压（V）挡，检测以下两端子之间的电压，记录检测数据并与下表数据进行比对。见图 3-57。

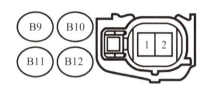

图 3-57 线束连接器前视图（至喷油器总成）

检测内容	检测条件	标准值
B9-1 与车身搭铁	点火开关打开	9~14 V
B10-1 与车身搭铁	点火开关打开	9~14 V
B11-1 与车身搭铁	点火开关打开	9~14 V
B12-1 与车身搭铁	点火开关打开	9~14 V

如果任何两端子间检测数据不在规定范围内，则检查集成继电器（IG2）与喷油器之间的电路连接。

正常，则检查喷油器总成。

3. 检查喷油器总成

（1）拆卸喷油器。

① 燃油系统卸压。

② 断开蓄电池负极端子。

③ 拆卸发动机线束。

④ 使用专用工具，断开燃油管。

⑤ 拆卸输油管，拆卸喷油器。

（2）检查喷油器。

① 将万用表置于欧姆（Ω）挡，检测喷油器 1、2 端子之间的电阻，见图 3-58。

② 记录测量电阻值，与下表数据进行比对。

如果结果不符合规定状态，则更换喷油器。

◇ 用塑料袋将喷油器包起来，以防异物进入。

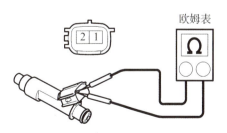

图 3-58 检测喷油器 1、2 端子间的电阻

检测端子	检测条件	标准值
1~2	20℃	11.6~12.4 Ω

(3) 检查喷油器工作情况。

① 使用燃油管连接器连接到燃油软管,然后将他们连接到燃油管。

② 将O形圈安装到喷油器上。

③ 将适配工具和软管连接到喷油器总成,并用专用工具固定喷油器和接头。

④ 将喷油器总成放在量筒中。

⑤ 操作燃油泵,将专用线束连接到喷油器和蓄电池15秒,用量筒测量喷油量,见图3-59。对各喷油器测试2或3次,并记录检测结果。

⑥ 比对检测数据:

检测端子	检测条件	标准值
正极端子-搭铁端子	15秒(2或3次)	60~73 cm³/每次测试

各喷油器间的差别:13 cm³ 或更少。

如果喷油量不符合规定,则更换喷油器。

若检测正常,则检查线束和连接器(喷油器总成-ECM)。

◇ 将合适的塑料管安装至喷油器以防汽油喷出。

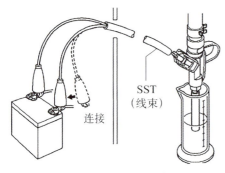

图3-59 检测喷油器喷油量

(4) 安装喷油器。

① 将新的喷油器隔振垫安装至喷油器上,并在O形圈接触面上涂抹一薄层汽油。

② 左右转动喷油器,以将其安装到输油管上。

③ 安装输油管隔垫。

④ 安装输油管。

⑤ 连接燃油管。

⑥ 连接发动机线束。

⑦ 连接蓄电池负极端子。

⑧ 检查燃油是否泄漏。

4. 检查喷油器电路

（1）检查喷油器与 ECM 之间的电路。

① 将点火开关置于"LOCK"位置，断开蓄电池负极端子。

② 断开喷油器总成连接，断开 ECM 连接器。

③ 将万用表置于欧姆（Ω）挡，检测以下两端子之间的电阻，记录检测数据并与下表数据进行比对（见图 3-60、3-61）：

图 3-60 检测喷油器与 ECM 间的电路电阻

标准电阻（断路检查）：

检测端子	检测条件	标准值
B9-2 与 B31-108(♯10)	始终	小于 1 Ω
B10-2 与 B31-107(♯20)	始终	小于 1 Ω
B11-2 与 B31-106(♯30)	始终	小于 1 Ω
B12-2 与 B31-105(♯40)	始终	小于 1 Ω

标准电阻（短路检查）：

检测端子	检测条件	标准值
B9-2 或 B31-108(♯10)-车身搭铁	始终	10 kΩ 或更大
B10-2 或 B31-107(♯20)-车身搭铁	始终	10 kΩ 或更大
B11-2 或 B31-106(♯30)-车身搭铁	始终	10 kΩ 或更大
B12-2 或 B31-105(♯40)-车身搭铁	始终	10 kΩ 或更大

如果任何两端子间电阻值不在规定范围内，则维修或更换线束或连接器（喷油器总成—ECM）。

若检测正常，则更换 ECM。

图 3-61 检测喷油器与 ECM 间的电路电阻

图 3-62 断开喷油器总成连接器

（2）检查 IG2 继电器与喷油器之间的电路。
① 断开喷油器总成连接器，见图 3-62。
② 从发动机室继电器盒上拆下集成继电器，断开集成继电器连接器。

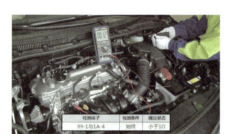

图 3-63 检测 IG2 继电器与喷油器间的电路电阻

③ 将万用表置于欧姆（Ω）挡，检测以下两端子之间的电阻，见图 3-63，记录检测数据并与下表数据进行比对：

标准电阻（断路检查）：

检测端子	检测条件	标准值
B9-1 与 1A-4	始终	小于 1Ω
B10-1 与 1A-4	始终	小于 1Ω
B11-1 与 1A-4	始终	小于 1Ω
B12-1 与 1A-4	始终	小于 1Ω

标准电阻（短路检查）：

检测端子	检测条件	规定状态
B9-1 与车身搭铁	始终	10 kΩ 或更大
B10-1 与车身搭铁	始终	10 kΩ 或更大
B11-1 与车身搭铁	始终	10 kΩ 或更大
B12-1 与车身搭铁	始终	10 kΩ 或更大

如果任何两端子间电阻值不在规定范围内,则维修或更换线束或连接器(集成继电器(IG2继电器)-喷油器总成);

若检测正常,则检查ECM电源电路,见图3-64。

④ 重新连接喷油器连接器。

⑤ 重新连接集成继电器连接器。

⑥ 重新安装集成继电器。

图3-64 检查ECM电源电路

任务小结

1. 电磁喷油器组成

电磁喷油器主要由电磁线圈、衔铁、连接器、针阀、进油滤网等组成。

2. 电磁喷油器工作原理

(1) 电磁线圈中无电流通过时,喷油针阀在弹簧力作用下紧压在锥形密封阀座上。

(2) 电磁线圈通电时,线圈处产生磁场将衔铁连同针阀向上吸起,喷油口打开,汽油喷出。

3. 检测喷油器的主要步骤

(1) 检测喷油器工作情况。

(2) 检查喷油器电源电压。

(3) 检查喷油器总成。

(4) 检查喷油器电路。

(5) 检查ECM控制电路。

任务评价

(一) 课堂练习

1. 判断题

(1) 电磁喷油器主要由电磁线圈、衔铁、连接器、针阀等组成。( )

(2) 喷油器电源电压规定状态应在12 V～14 V之间。( )

(3) 在检测喷油量时,各喷油器间的差别应为13 cm^{3}或更少。( )

2. 单选题

(1) 喷油器的喷油量主要取决于喷油器的( )。

　　A. 针阀升程　　　　　　　　　B. 喷孔大小

C. 内外压力差　　　　　　　　D. 针阀开启的持续时间

(2) 在检测喷油器过程中,需进行以下哪项操作?(　　)。

　　A. 检测喷油脉宽　　　　　　　B. 检测燃油压力

　　C. 检测脉冲波形　　　　　　　D. 检测喷油量

(二) 技能评价

表 3-7　技能评价表

序号	内　　容	分值	得分
1	检测气缸喷油时间	10	
2	检测喷油器脉冲波形	10	
3	检查喷油器电源电压	10	
4	拆卸喷油器	10	
5	检查喷油器	10	
6	安装喷油器	10	
7	检查喷油器与 ECM 之间的电路	10	
8	检查 IG2 继电器与喷油器之间的电路	10	
9	检查线束和连接器(ECM-车身搭铁)	5	
10	检查 ECM(IGSW 电压)	5	
11	检查保险丝(EFI MAIN 保险丝)	5	
12	检查保险丝(EFI NO.1 保险丝)	5	
	总分	100	

(注:操作规范即得分,操作错误或未进行操作即 0 分)

学习任务 6　冷却液温度传感器检修

任务目标

任务目标
- 能够认知冷却液温度传感器的结构。
- 能够叙述冷却液温度传感器的作用和工作原理。
- 能够按照规范流程完成冷却液温度传感器检修工作。

学习重点
- 冷却液温度传感器检修的任务实施。

知识准备

1. 冷却液温度传感器功用

汽车发动机冷却液温度传感器安装在发动机缸体的水套上,与冷却液接触。冷却液温度传感器主要用来检测冷却液温度,并向 ECU 输送对应的电信号,ECU 根据发动机冷却液温度信号的变化,对基本喷油量、点火提前角、怠速、尾气排放等控制进行修正。

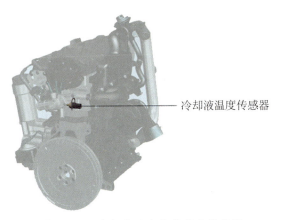

图 3-65　冷却液温度传感器安装位置

2. 冷却液温度传感器结构

冷却液温度传感器主要由热敏元件、接线护管、壳体、连接器等组成,见图 3-66。其中热敏元件为负温度系数热敏电阻,冷却液温度越高,电阻值越小。

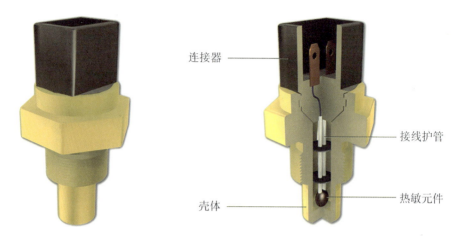

图 3-66 冷却液温度传感器结构

3. 冷却液温度传感器工作原理

冷却液温度传感器用于检测发动机冷却液温度,冷却液温度传感器采用负温度系数热敏电阻,其阻值随冷却液温度变化而发生相应变化,冷却液温度越低电阻值越大,冷却液温度越高,电阻值越小。在传感器输出端输出不同的电压信号至 ECU,ECU 根据电压信号的变化,对基本喷油量、点火提前角、怠速、尾气排放等控制进行修正。

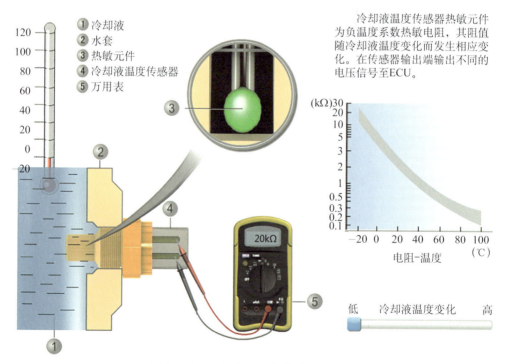

图 3-67 冷却液温度传感器工作原理

4. 冷却液温度传感器电路控制原理

冷却液温度传感器的两根导线都和控制单元相连接,其中一根为接地线,另一根的对地电压随热敏电阻阻值的变化而变化,见图 3-68。

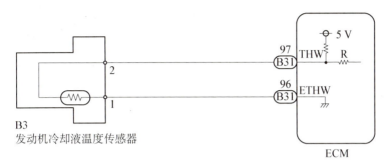

图 3-68 冷却液温度传感器电路控制原理

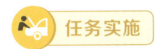

(一) 实施方案

1. 质量要求

参照厂家的质量标准要求。

2. 组织方式

每四位同学一组,检修卡罗拉车上的冷却液温度传感器,按照企业岗位操作规范进行作业。每组作业时间为 __20__ 分钟。

3. 作业准备

(1) 技术要求与标准(见表 3-8)。

表 3-8 技术要求与标准

检查内容	检测端子	标准值
发动机冷却液温度	—	80℃～100℃
冷却液温度传感器断路检查	—	140℃或更高
	B3-2 与 B31-97(THW)	小于1Ω
	B3-1 与 B31-96(ETHW)	小于1Ω
冷却液温度传感器短路检查	—	-40℃
	B3-2 与车身搭铁	10 kΩ 或更大

(2) 设备器材:故障诊断仪、万用表、示波器、常用工具一套(见图 3-69)。

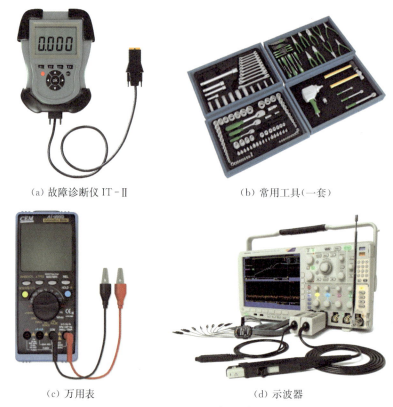

(a) 故障诊断仪 IT-Ⅱ　　(b) 常用工具(一套)

(c) 万用表　　(d) 示波器

图 3-69　设备器材

(3) 场地设施：消防设施的场地。
(4) 设备设施：2007 款卡罗拉 1.6AT 轿车一辆。
(5) 耗材：干净抹布。

（二）操作步骤

1. 检测冷却液温度传感器

(1) 读取故障码。

① 打开故障诊断接口盖，将汽车故障诊断仪连接到诊断接口 DLC3 上，见图 3-70，点火开关置于 ON 位置，打开诊断仪。

② 选择菜单项 Powertrain/Engine and ECT/DTC。

③ 读取诊断仪上的故障码。

P0115 发动机冷却液温度电路故障；

冷却液温度传感器检测

图 3-70　连接故障诊断仪

P0117 发动机冷却液温度电路低输入；

P0118 发动机冷却液温度电路高输入。

若输出除故障码 P0115、P0117、P0118 以外的故障码，则排除是冷却液温度传感器异常导致的故障。

（2）读取数据流。

① 选择菜单项 Powertrain/Engine and ECT/Data List/Coolant Temp，检测发动机冷却液温度。

② 读取诊断仪上的检测值，见图 3-71，记录检测值并与下表中标准数据进行比对。

检查内容	检测数据	检测结果
发动机冷却液温度	80℃～100℃	正常
	-40℃	传感器电路短路
	140℃ 或更高	传感器电路断路

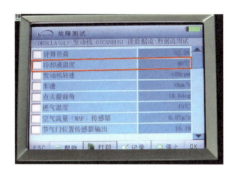

图 3-71 读取冷却液温度数值

（3）检查冷却液温度传感器电路是否断路。

① 确认发动机冷却液温度传感器连接良好，见图 3-72，并按下冷却液温度传感器连接器锁舌，分离冷却液温度传感器连接器。

图 3-72 检查冷却液温度传感器连接器

② 连接线束侧发动机冷却液温度传感器连接器的端子 1 和 2，见图 3-73。

图 3-73 连接冷却液温度传感器连接器的端子 1 和 2

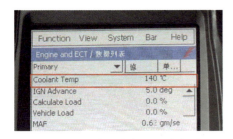

图 3-74 读取冷却液温度数值

③ 使用诊断仪读取发动机冷却液温度,见图 3-74。

记录检测数据,并与下表数据进行比对。若检测数据不在规定范围内,则需用万用表对电路进行断路检查。

检查内容	标准值
发动机冷却液温度(断路检测)	140℃或更高

④ 断开蓄电池负极电缆。
⑤ 分离 ECM 线束连接器。
⑥ 选用数字万用表,将数字万用表旋转开关置于电阻(Ω)挡,见图 3-75。

图 3-75 检测冷却液温度传感器和 ECM 间的电路

检测以下两端子之间的电阻,记录检测数据,并与下表数据进行比对。若检测数据不在规定范围内,则说明冷却液温度传感器电路存在断路故障。

检测端子	检测条件	标准值
B3-2 与 B31-97	始终	小于 1Ω
B3-1 与 B31-96		

⑦ 重新连接发动机冷却液温度传感器连接器。
⑧ 重新连接 ECM 连接器。
(4) 检查冷却液温度传感器电路是否短路。
① 断开发动机冷却液温度传感器连接器。
② 使用诊断仪检测发动机冷却液温度。

记录检测数据,并与下表数据进行比对。若检测数据不在规定范围内,则需用万用表对电路进行短路检查。

检查内容	标准值
发动机冷却液温度(短路检测)	-40℃

③ 断开 ECM 连接器。

④ 选用数字万用表,将数字万用表旋转开关置于电阻(Ω)挡,见图 3-76。

图 3-76 检查冷却液温度传感器搭铁状况

检测以下两端子之间的电阻,记录检测数据并与表中数据进行比对。若检测数据不在规定范围内,则说明冷却液温度传感器电路存在短路故障。

检测端子	检测条件	标准值
B3-2 与车身搭铁	始终	10 kΩ 或更大

⑤ 重新连接发动机冷却液温度传感器连接器。

⑥ 重新连接 ECM 连接器。

(5) 检测冷却液温度传感器电阻。

① 排净发动机冷却液。

② 拆卸 2 号气缸盖罩。

③ 拆卸空气滤清器盖。

④ 拆卸空气滤清器壳。

⑤ 拆卸发动机冷却液温度传感器。

⑥ 将拆下的冷却液温度传感器放入加热的水中。

⑦ 将万用表旋转至欧姆(Ω)挡,检测冷却液温度传感器端子 1 与 2 之间的电阻。

记录检测数据并与下表中数据进行比对,若检测数据不在规定范围内,则需更换冷却液温度传感器。

◇ 在水中检查发动机冷却液温度传感器时,不要让水进入端子。

检查端子	检测条件	标准值
1~2	20℃	2.32~2.59 kΩ
	80℃	0.310~0.326 kΩ

◇ 检查完毕后应立即干燥冷却液温度传感器。

⑧ 安装发动机冷却液温度传感器。
⑨ 安装空气滤清器壳。
⑩ 安装空气滤清器盖。
⑪ 安装2号气缸盖罩。
⑫ 添加发动机冷却液。

2. 任务检查

使用故障诊断仪检查车辆，读取故障码，检查故障码是否还存在。

起动车辆，检查车辆故障是否消失。

1. 冷却液温度传感器功用

汽车发动机冷却液温度传感器主要用来检测冷却液温度，并向ECU输送对应的电压信号，ECU根据电压信号的变化，对基本喷油量、点火提前角、怠速、尾气排放等控制进行修正。

2. 冷却液温度传感器安装位置及组成

冷却液温度传感器安装在发动机缸体的水套上，与冷却液接触，其主要由热敏元件、连接器、接线护管、壳体等组成。其中热敏元件为负温度系数热敏电阻，冷却液温度越高，电阻越低。

3. 检测冷却液温度传感器操作步骤

(1) 读取故障码；
(2) 读取数据流；
(3) 检查冷却液温度传感器电路是否断路；
(4) 检查冷却液温度传感器电路是否短路；
(5) 检查冷却液温度传感器电阻。

（一）课堂练习

1. 判断题

(1) 发动机水温传感器的热敏元件一般采用正温度电阻系数特性的材料制造。（   ）

(2) 在发动机暖机后，若检测到发动机冷却液温度为-40℃，则说明冷却液温度传感器电路存在短路故障。（   ）

2. 单选题

(1) 负温度系数的热敏电阻其阻值随温度的升高发生以下哪种变化？（   ）。

　　A．升高　　　　　　B．降低　　　　　　C．不受影响　　　　D．先高后低

(2) 发动机暖机后，冷却液正常温度范围为（   ）。

　　A．20℃～40℃　　　　　　　　　　　B．40℃～60℃

　　C．60℃～80℃　　　　　　　　　　　D．80℃～100℃

(3) 发动机暖机后，若检测到发动机冷却液温度为140℃以上，则说明冷却液温度传感器存在哪种故障？（   ）。

　　A．电源电压不足　　　　　　　　　　B．短路故障

　　C．断路故障　　　　　　　　　　　　D．无故障

（二）技能评价

表3-9　技能评价表

序号	内　　容	分值	得分
1	读取故障码	15	
2	读取冷却液温度传感器数据流	15	
3	冷却液温度传感器电路断路检查	20	
4	冷却液温度传感器电路短路检查	20	
5	拆卸冷却液温度传感器	5	
6	检测冷却液温度传感器1端子与2端子之间电阻	15	
7	安装冷却液温度传感器	10	
	总分	100	

（注：操作规范即得分，操作错误或未进行操作即0分）

学习拓展

1. 燃油箱

燃油箱用以贮存燃油（见图3-77），燃油箱的数目及容量随车型而异，普通汽车具有一个燃油箱，越野汽车则常有主、副两个燃油箱，以适应军用要求。一般汽车油箱贮存的燃油

可供汽车行驶 200 至 600 km。以汽油箱为例(见图 3-78)。燃油箱主要组成：油箱盖、加油管、隔板、油量传感器、燃油管开关等。

如果燃油箱没有燃油或燃油过少,仪表盘上的燃油报警灯会点亮,以便提醒驾驶员,燃油过少,需要及时添加燃油。

图 3-77 燃油箱功用

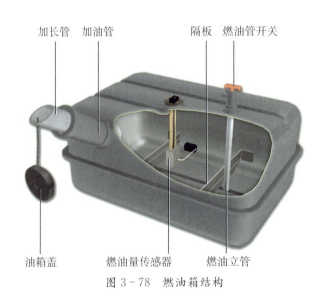

图 3-78 燃油箱结构

2. 电动燃油泵类型

目前各车型装用的电动燃油泵按其结构不同,有涡轮式、滚柱式、齿轮式等(见图 3-79)。内置式电动燃油泵多采用涡轮式,外置式电动燃油泵则多数为滚柱式。外置式是将燃油泵安装在燃油箱外面的输油管中,而内置式是将燃油泵安装在燃油箱内。

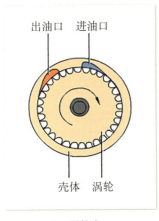 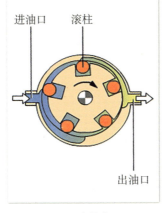 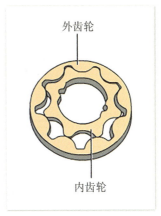

(a) 涡轮式　　　　　　　(b) 滚柱式　　　　　　　(c) 齿轮式

图 3-79　电动燃油泵类型

3. 油压脉动缓冲器

当燃油泵泵油、喷油器喷射及油压调节器的回油平面阀开闭时,都将引起燃油管路中油压的脉动和脉动噪声。所以,油压脉动缓冲器的作用就是减小燃油管路中油压的脉动和脉动噪声,并能在发动机停机后保持油路中有一定的压力,以利于发动机重新起动。

油压脉动缓冲器的结构如图 3-80 所示,膜片将缓冲器分成空气室和燃油室两部分。当发动机工作时,燃油从进油口流进燃油室,由出油口流出。压力脉动的燃油使膜片弹簧或张或弛,燃油室的容积则或增或减。从而消减了油压的脉动。发动机停机后,膜片弹簧推动膜片向上,将燃油挤出燃油室,以保持管路中有一定的油压。

图 3-80　油压脉动缓冲器结构

项目四 电控点火系统检修

项目导入

点火系统是汽油发动机的重要组成部分,点火系统的性能良好与否对发动机的功率、油耗和排气污染等影响很大。如果点火系统发生故障,就会影响到发动机的动力性能、经济性和排气净化等性能,甚至会导致发动机不能工作。

本项目主要通过点火系统的检修作业,认识点火系统组成并掌握点火系统故障排除方法。

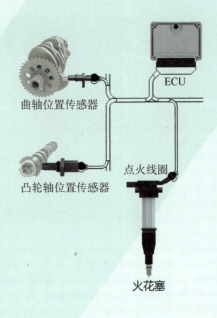

学习目标

素养目标
- 了解安全操作要求,养成安全文明操作的习惯。
- 养成组员之间互相协作的习惯。
- 实施操作结束后,清洁工具,并将工具设备归位,清洁场地。

技能目标
- 依据汽车维修操作要求,熟练规范地对点火系统进行检测和零部件更换。
- 依据汽车维修操作要求,熟练规范地完成点火正时检查。

知识目标
- 描述电控点火系统各组成部件之间相互协调的工作过程。
- 能够正确使用万用表、故障诊断仪、示波器、点火正时灯等。

学习任务

学习任务 1
◇ 电控点火系统认识

学习任务 2
◇ 点火线圈和火花塞检修

学习任务 3
◇ 曲轴位置传感器检修

学习任务 4
◇ 凸轮轴位置传感器检修

学习任务 5
◇ 爆震传感器检修

学习任务 6
◇ 点火正时检查

学习任务 1　电控点火系统认识

任务目标

任务目标
- 能够叙述电控点火系统的功用。
- 能够完整地罗列出点火系统的主要组成部件。
- 能够概括点火系统的工作原理。
- 依据汽车维修操作要求，能够在 20 分钟内顺利从实车上识别点火系统的各组成部件。

学习重点
- 电控点火系统组成及功用。

知识准备

1. 点火系统功用

汽油发动机气缸内可燃混合气在压缩行程终了时，采用高压电火花点火。因此，汽油机设置了点火系统（见图 4-1），保证发动机在各种工况和使用条件下，气缸内都能适时、准确、

点火系统功用：在气缸内适时、准确、可靠地产生电火花，以点燃可燃混合气，使汽油发动机实现做功。

① 点火线圈
② 火花塞
③ ECU

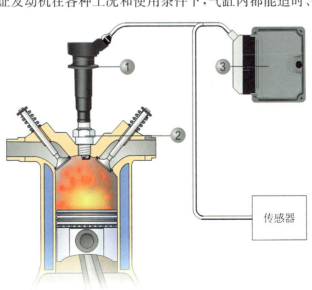

图 4-1　点火系统功用

可靠地产生电火花,点燃可燃混合气使发动机运转对外输出动力。电控点火系统主要实现以下控制:点火提前角的控制,通电时间的控制,爆燃的控制。

2. 电控点火系统的组成

电控点火系统主要由传感器、ECU、执行器等组成(见图 4-2)。

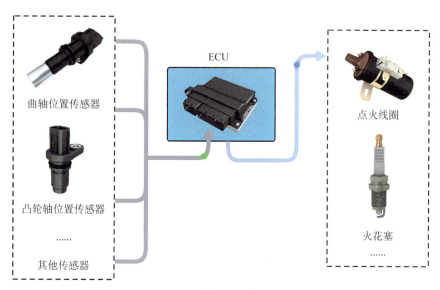

传感器用来检测发动机运行工况,主要的传感器有:发动机转速传感器、曲轴位置传感器、凸轮轴位置传感器、空气流量计、爆震传感器。ECU 的主要功能是根据各种传感器发送的信号,实施点火控制,主要包括点火提前角控制、通电时间控制和爆震控制。执行器包括点火模块、火花塞。点火模块驱动点火线圈工作实现点火。

图 4-2 电控点火系统的组成

3. 电控点火系统的分类及其工作原理

根据高压配电方式不同,电控点火系统可分为单独点火方式点火系统和同时点火方式点火系统。

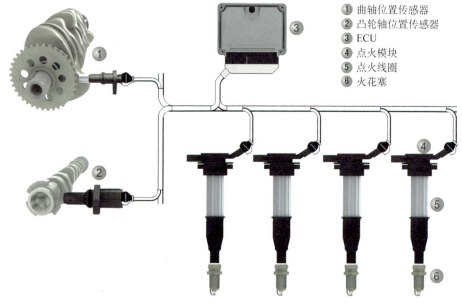

图 4-3 单独点火方式点火系统组成

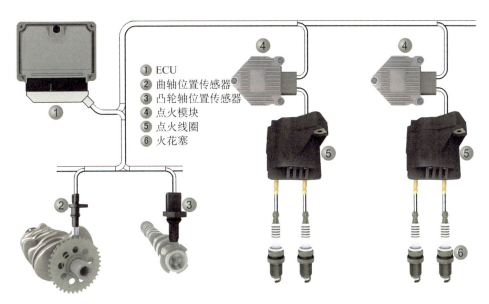

图 4-4 双缸同时点火方式点火系统组成

单独点火方式中,点火线圈直接与火花塞相连,一个点火线圈连接一个缸的火花塞,无高压线,由微机控制点火顺序,见图 4-5。

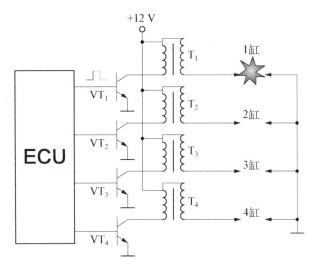

图 4-5 单独点火方式点火系统工作原理

双缸同时点火方式点火系统中,点火线圈的高压线直接与火花塞相连,一个点火线圈连接两个缸的火花塞,两缸工作相位相差 360°曲轴转角,见图 4-6。

当一缸工作接近压缩行程上止点时,另一缸接近排气行程上止点,点火时,两缸的火花塞同时"跳火",其中,工作于排气行程的气缸点火是无效点火,工作于压缩行程的气缸点火是有效点火。

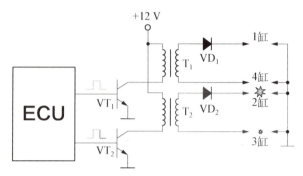

图 4-6 双缸同时点火方式点火系统工作原理

（一）实施方案

1. 质量要求

参照厂家的质量标准要求。

2. 组织方式

每四位同学一组,查看卡罗拉车上的电控点火系统,每组作业时间为__20__分钟。

3. 作业准备

(1) 技术要求与标准：

① 能够熟练找出各传感器、ECU 等；

② 习惯性使用"三件套"、发动机舱防护罩等汽车防护物品,养成良好职业习惯；

③ 养成"采取安全防护措施维修作业"的习惯；

④ 养成工具、零部件、油液"三不落地"的职业习惯,工具及拆下的零部件等都应整齐地放置在工具车及零件盘中。

(2) 设备器材：举升机、常用工具一套(见图 4-7)。

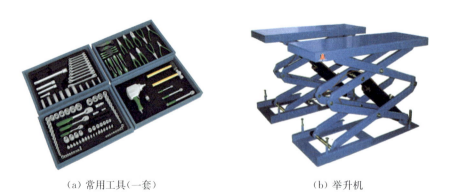

(a) 常用工具(一套)   (b) 举升机

图 4-7 设备器材

(3) 场地设施：消防设施的场地。

(4) 设备设施：2007款卡罗拉轿车一辆、举升机一台、工具车、零件车、标保工具车、垃圾桶等。

(5) 耗材：干净抹布、泡沫清洗剂等。

（二）操作步骤

(1) 打开车门，罩好"三件套"，拉动发动机舱盖手柄；
(2) 打开发动机舱盖，罩好发动机舱防护罩，拆下发动机护板；
(3) 找出凸轮轴位置传感器，观察其所在的位置；
(4) 找出水温传感器，观察其所在的位置；
(5) 找出爆震传感器，观察其所在的位置；
(6) 找出发动机舱内（或驾驶室仪表板下方）的ECU，观察其安装位置；
(7) 按照举升机的操作要求采取相应的安全防护措施，用举升机举起汽车；
(8) 从汽车底部找出曲轴位置传感器，观察其安装位置；
(9) 按照相反的顺序将汽车及举升机复位，并检查复位状况是否良好。

任务小结

点火系统

点火系统的主要功用是保证发动机在各种工况和使用条件下，气缸内都能适时、准确、可靠地产生电火花，点燃可燃混合气使发动机运转对外输出动力。电控点火系统主要由传感器、ECU、点火执行器等组成，主要传感器有曲轴位置传感器、凸轮轴位置传感器、空气流量计、爆震传感器。电控点火系统可分为单独点火方式点火系统和同时点火方式点火系统。单独点火方式中，点火线圈直接与火花塞相连，一个点火线圈连接一个缸的火花塞，双缸同时点火方式点火系统中，点火线圈的高压线直接与火花塞相连，一个点火线圈连接两个缸的火花塞，两缸工作相位相差360°曲轴转角。

任务评价

（一）课堂练习

1. 判断题

(1) 点火系统的功用是在气缸内适时、准确地产生电火花，从而点燃可燃混合气。（　　）
(2) 点火系统由曲轴位置传感器、凸轮轴位置传感器、ECU和点火执行器组成。（　　）
(3) 根据点火方式不同，点火系统可分为单独点火和同时点火两种。（　　）

2. 单选题

(1) 点火执行器包括点火模块和( )。

　　A. 火花塞　　　　B. 点火正时　　　　C. 点火组件　　　　D. 点火线圈

(2) 单独点火方式中,点火线圈直接与火花塞相连,一个点火线圈连接( )缸的火花塞,由微机控制点火顺序。

　　A. 1个　　　　　B. 2个　　　　　　C. 3个　　　　　　D. 4个

（二）技能测评

表4-1 技能评价表

序号	内　容	分值	得分
1	铺好"三件套",拉动发动机舱盖手柄	10	
2	打开发动机舱盖,铺好发动机舱防护罩,拆下发动机护板	10	
3	找出凸轮轴位置传感器	15	
4	找出爆震传感器	15	
5	找出发动机舱内(或驾驶室仪表板下方)的ECU	15	
6	按照操作要求举升起汽车	10	
7	找出曲轴位置传感器	15	
8	将汽车及举升机复位	10	
	总分	100	

(注：操作正确即得分,操作错误或未进行操作即0分)

学习任务 2　点火线圈和火花塞检修

任务目标

任务目标
- 能够描述点火线圈的工作原理。
- 能够描述火花塞的功用。
- 能够完整地罗列出五种火花塞常见故障。
- 依据汽车维修操作要求,能够在 25 分钟内顺利完成对点火线圈和火花塞的检修。

学习重点
- 点火线圈的工作原理。
- 点火线圈和火花塞检修的任务实施。

知识准备

1. 点火线圈的结构与工作原理

点火装置的核心部件是点火线圈和开关装置,如图 4-8 所示为单独点火方式用点火线圈。

电控发动机点火线圈的认知

图 4-8　单独点火方式用点火线圈

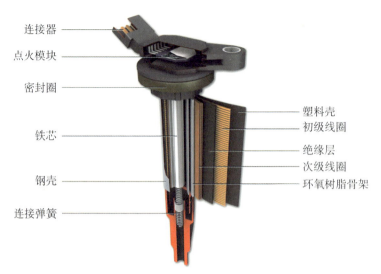

图4-9 单独点火方式用点火线圈剖面图

点火模块和点火线圈形成一个点火组件,单独点火方式点火系统中,每个气缸独立使用一个点火模块,各缸点火线圈的初级绕组分别由点火器中的一个功率三极管控制,整个点火系统的工作由ECU控制。

点火模块接收ECU的点火控制信号,当某缸的控制信号为低电平时,点火器中对应此缸的功率晶体管导通,点火线圈通电;当某缸的控制信号变为高电平时,对应的三极管截止,磁场迅速消失,线圈中电流被切断,次级绕组产生高压电,高压电送至火花塞引起火花塞电极间跳火。

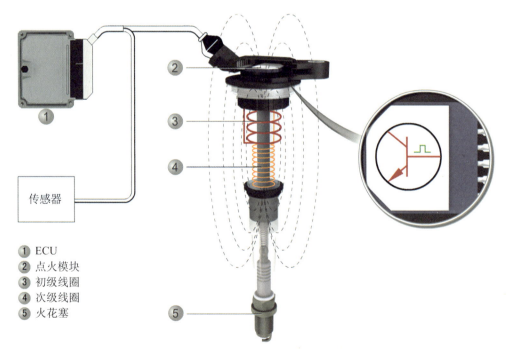

① ECU
② 点火模块
③ 初级线圈
④ 次级线圈
⑤ 火花塞

图4-10 单独点火方式用点火线圈工作原理

2. 火花塞结构

火花塞(见图4-11)的功用是:将点火线圈产生的脉冲高电压引入燃烧室,并在其两电极之间产生电火花,以点燃可燃混合气。

图4-11 火花塞　　图4-12 火花塞剖面图

火花塞连接在点火线圈次级绕组末端,它主要由陶瓷绝缘体、接线螺杆、接线螺母、中心电极、侧电极等组成。钢质的火花塞壳体内部固定有陶瓷绝缘体,绝缘体中心孔上部有金属接线螺杆,接线螺杆上端有接线螺母,用来接高压导线;绝缘体下部有中心电极。

3. 火花塞常见故障

发动机运转过程中,火花塞除了承受较大的电负荷外,还与高温、高压燃气直接接触,且受到燃烧产物的强烈腐蚀。正常情况下,火花塞绝缘体端部呈浅褐(灰)色,表面没有燃油或机油沉积物,说明热值正确且点火正常。因火花塞属于汽车易损消耗用品,且受燃油品质、自身工艺质量、工作环境等影响,使用中故障率较高,现列举其常见的几种故障如下:

- 积碳

现象:火花塞上有松软、乌黑的沉积物,表明有积碳,见图4-13。

原因:① 可燃混合气比例不正确、空气滤清器堵塞等造成的混合气过浓。

图4-13 火花塞积碳

② 发动机温度过低,燃烧不完全。
③ 燃油质量太低或变质,燃烧不正常。
④ 火花塞太冷、热值太低。

后果:积碳是可以导电的,可能造成火花塞失火。

• 机油油污

现象:火花塞电极和内部出现油性沉积物,表明机油进入燃烧室内,见图4-14。

原因:个别火花塞上有油性沉积物,可能是气门杆油封损坏造成的;各个缸体的火花塞都粘有这种沉积物,则说明气缸蹿油。空气滤清器和通风装置堵塞气缸极易出现蹿油。

后果:机油沉积物覆盖火花塞会使火花塞无法通过间隙跳火,而是通过机油从更短的路径跳火到侧电极。

图4-14 火花塞上有油性沉积物

• 积灰

现象:火花塞中心电极及侧电极表面覆盖有浅褐色沉积物,见图4-15。

原因:积灰是由于过多的机油添加剂引起的。积灰若出现在火花塞半边,说明发动机上部磨损严重。积灰包围电极,说明发动机下部磨损严重。

后果:积灰可引起自点火,造成功率损失或损坏发动机。

图4-15 火花塞积灰

• 爆震

现象:绝缘体顶端破裂,见图4-16。

原因:爆震燃烧是绝缘体破裂的主要原因。点火时刻过早、汽油辛烷值低、燃烧室内温度过高都可能导致发动机爆震燃烧。

后果:相同的振动也会损坏其他发动机零部件,如活塞和气门。

图4-16 火花塞爆震

• 瓷件大头爬电

现象：绝缘体上出现垂直于铁壳方向黑色燃烧痕迹，见图4-17。

原因：由于安装不好或火花塞连接线套老化，导致点火高压沿着瓷体外部闪络接地。

后果：导致发动机失火。

因此，检修火花塞对于判断发动机运转情况显得尤为必要，其检修内容主要包括：检查电火花、检查火花塞电极、检查火花塞电极间隙（中心电极和侧电极的空气间隙）。

图4-17 火花塞瓷件大头爬电

 任务实施

（一）实施方案

1. 质量要求

参照厂家的质量标准要求。

2. 组织方式

每四位同学一组，检修卡罗拉车上的点火线圈和火花塞，按照企业岗位操作规范进行作业。每组作业时间为 __25__ 分钟。

3. 作业准备

(1) 技术要求与标准（见表4-2）。

表4-2 技术要求与标准

检测内容	检查端子	标准值
点火线圈电压	B26-1(+B)与B26-4(GND)	9～14 V
	B27-1(+B)与B27-4(GND)	
	B28-1(+B)与B28-4(GND)	
	B29-1(+B)与B29-4(GND)	
火花塞电极间隙	—	1.0～1.1 mm

(2) 设备器材：故障诊断仪、万用表、示波器、火花塞套筒扳手、塞尺、常用工具一套（见图4-18）。

(3) 场地设施：消防设施的场地。

(4) 设备设施：2007款卡罗拉轿车一辆、汽车电脑故障诊断仪一台、示波器一台、工具车、零件车、标保工具车、垃圾桶等。

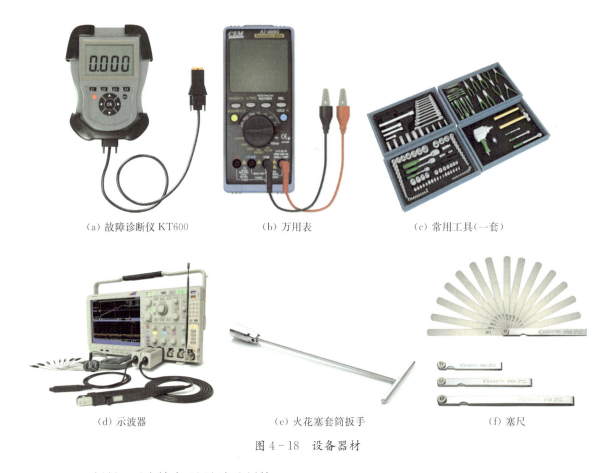

(a) 故障诊断仪 KT600　　(b) 万用表　　(c) 常用工具(一套)

(d) 示波器　　(e) 火花塞套筒扳手　　(f) 塞尺

图 4-18　设备器材

(5) 耗材：干净抹布、泡沫清洗剂等。

点火控制模块检测

(二) 操作步骤

1. 检测点火线圈

(1) 检测点火触发信号(IGT)波形，见图 4-19。

① 起动发动机，使发动机处于怠速运转状态。

② 打开示波器电源开关，调整示波器量程为 2 V/格、20 ms/格。使用测量引针检测以下两端子间的脉冲波形：

B26-3(IGT1)与车身搭铁；
B27-3(IGT2)与车身搭铁；
B28-3(IGT3)与车身搭铁；
B29-3(IGT4)与车身搭铁。

图 4-19　检测 IGT 波形

③ 比对正常波形,分析检测波形。

若点火线圈出现故障,则进行检修。

(2) 检测点火确认信号(IGF)波形,见图4-20。

① 使用示波器双通道检测,将测量引针插入点火线圈以下两端子之间,检测其脉冲波形:

B26-2(IGF)与车身搭铁;

B27-2(IGF)与车身搭铁;

B28-2(IGF)与车身搭铁;

B29-2(IGF)与车身搭铁。

图4-20 检测IGF脉冲波形

② 比对正常波形,分析检测波形,见图4-21。

若点火线圈出现故障,则进行检修。

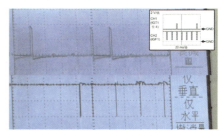

图4-21 分析检测波形

(3) 检测点火线圈电压

① 断开点火线圈线束连接器,见图4-22。

② 将点火开关置于ON位置。

③ 选用万用表,将万用表旋转开关置于电压(V)挡,检测以下端子之间电压(见图4-23),记录检测数据并与标准数据进行比对:

B26-1(+B)与B26-4(GND);

B27-1(+B)与B27-4(GND);

B28-1(+B)与B28-4(GND);

B29-1(+B)与B29-4(GND)。

标准电压值为9~14 V。

若任何两端子间检测值不在规定范围内,则需检测点火线圈与车身搭铁之间的电路。

图4-22 断开点火线圈线束连接器

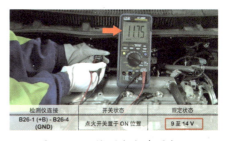

图4-23 检测点火线圈电压

(4) 检查点火线圈与ECM之间电路。

① 检测点火触发信号(IGT)线路。

a. 断开蓄电池负极端子(见图4-24),断开点火线圈总成连接器和ECM连接器。

b. 选用万用表,将万用表置于欧姆(Ω)挡,检测以下两端子间电阻(见图4-25),记录检测数据并与

图4-24 断开蓄电池负极端子

图 4-25 测量各端子间电阻

图 4-26 测量各端子间电阻

图 4-27 测量各端子间电阻

图 4-28 测量各端子间电阻

标准数据进行比对：

B26-3(IGT1) 与 B31-85(IGT1)；

B27-3(IGT2) 与 B31-84(IGT2)；

B28-3(IGT3) 与 B31-83(IGT3)；

B29-3(IGT4) 与 B31-82(IGT4)；

标准电阻值应小于 1 Ω。

若任何两端子间电阻值不在规定范围内，则说明该段电路存在断路故障。

c. 检测以下两端子间电阻（见图 4-26），记录检测数据并与标准数据进行比对：

B26-3(IGT1) 与车身搭铁；

B27-3(IGT2) 与车身搭铁；

B28-3(IGT3) 与车身搭铁；

B29-3(IGT4) 与车身搭铁；

标准电阻值为 10 kΩ 或更大。

若任何两端子间电阻值不在规定范围内，则说明该段电路存在短路故障。

② 检测点火确认信号（IGF）线路。

a. 将万用表置于欧姆（Ω）挡，检测以下两端子间电阻（见图 4-27），记录检测数据并与标准数据进行比对：

B26-2(IGF) 与 B31-81(IGF1)；

B27-2(IGF) 与 B31-81(IGF1)；

B28-2(IGF) 与 B31-81(IGF1)；

B29-2(IGF) 与 B31-81(IGF1)。

标准电阻值应小于 1 Ω。

若任何两端子间电阻值不在规定范围内，则说明该段电路存在断路故障。

b. 检测以下两端子间电阻（见图 4-28），记录检测数据并与标准数据进行比对：

B26-2(IGF) 与车身搭铁；

B27-2(IGF) 与车身搭铁；

B28-2(IGF) 与车身搭铁；

B29-2(IGF) 与车身搭铁。

标准电阻值应为 10 kΩ 或更大。

若任何两端子间电阻值不在规定范围内，则说明该段电路存在短路故障。

（5）检查点火线圈与车身搭铁之间电路。

将万用表置于欧姆（Ω）挡，检测以下两端子间电阻（见图4-29），记录检测数据并与标准数据进行比对：

B26-4(GND)与车身搭铁；

B27-4(GND)与车身搭铁；

B28-4(GND)与车身搭铁；

B29-4(GND)与车身搭铁。

标准电阻值应小于1Ω。

图4-29 检查点火线圈与车身搭铁之间电路

若任何两端子间电阻值不在规定范围内，则说明该段电路存在断路故障。

（6）检查点火线圈与集成继电器（IG2）之间电路。

① 从发动机室继电器盒上拆下集成继电器，断开集成继电器连接器，见图4-30。

图4-30 断开集成继电器连接

② 将万用表置于欧姆（Ω）挡，检测以下两端子间电阻（见图4-31），记录检测数据并与标准数据进行比对：

B26-1(+B)与1A-4；

B27-1(+B)与1A-4；

B28-1(+B)与1A-4；

B29-1(+B)与1A-4。

标准电阻值应小于1Ω。

图4-31 测量各端子间电阻

若任何两端子间电阻值不在规定范围内，则说明该段电路存在断路故障。

③ 连接集成继电器，将集成继电器重新安装至发动机室继电器盒。

图 4-32 测量各端子间电阻

④ 将万用表置于欧姆（Ω）挡，检测以下两端子间电阻（见图 4-32），记录检测数据并与下表数据进行比对：

B26-1(+B) 与车身搭铁；

B27-1(+B) 与车身搭铁；

B28-1(+B) 与车身搭铁；

B29-1(+B) 与车身搭铁。

标准电阻值为 10 kΩ 或更大。

若任何两端子间电阻值不在规定范围内，则说明该段电路存在短路故障。

⑤ 连接点火线圈线束连接器。

⑥ 连接 ECM 线束连接器。

⑦ 连接蓄电池负极电缆。

2. 检测火花塞

（1）火花测试。

① 断开点火线圈线束连接器，从气缸盖上拆下点火线圈，见图 4-33。

图 4-33 拆下点火线圈

② 使用火花塞套筒扳手拆下火花塞，见图 4-34。

图 4-34 拆下火花塞

◇ 拆卸火花塞之前，要检查火花塞套筒橡胶是否损坏。

◇ 火花塞套筒必须与火花塞中心对正。

③ 断开4个喷油器连接器。
④ 用火花塞钳子夹持火花塞,放置于气缸盖上。
⑤ 起动发动机但持续时间不超过2秒钟,并检查火花。

正常状态下,电极间隙间跳火。

(2) 检测火花塞电极间隙。

使用塞尺测量火花塞电极间隙(见图4-35),记录检测数据并与标准数据进行比对:

检查内容	标准值
火花塞电极间隙	1.0～1.1mm

◇ 不要使发动机起动超过2秒钟。

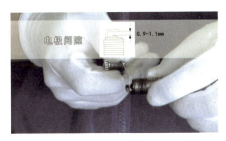

图4-35 检测火花塞电极间隙

◇ 如果电极间隙大于标准值,更换火花塞,不要调整电极间隙。

(3) 检测火花塞外观。

① 目视检查点火线圈与火花塞套接处是否生锈、烧蚀或损坏,见图4-36。

图4-36 目视检查点火线圈及火花塞套接处

② 检查点火线圈连接器是否变形、损坏或锈蚀,见图4-37。

图4-37 目视检查点火线圈连接器

图 4-38 目视检查火花塞螺纹

③ 检查火花塞螺纹是否完好,陶瓷是否有裂纹,见图 4-38。

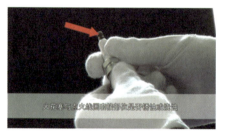

图 4-39 目视检查火花塞与点火线圈套接处

④ 检查火花塞与点火线圈套接部位是否锈蚀或烧蚀,见图 4-39。

图 4-40 目视检查火花塞电极

⑤ 检查火花塞电极状况是否正常,见图 4-40。

若火花塞电极部分的颜色不正常,则根据规定进行清洁或更换。

若火花塞烧蚀严重,则必须更换火花塞。

3. 任务检查

起动车辆,检查车辆行驶是否正常,检查车辆故障是否消失。

1. 点火线圈

点火线圈的工作原理是:点火模块接收 ECU 的点火控制信号,当某缸的控制信号为低电平时,点火器中对应此缸的功率晶体管导通,点火线圈通电;当某缸的控制信号变为高电平时,对应的三极管截止,线圈中电流被切断,磁场迅速消失,次级绕组产生高压电,高压电送至火花塞引起火花塞电极间跳火。

检测点火线圈应按如下步骤进行:
(1) 检测点火触发信号(IGT)波形;
(2) 检测点火确认信号(IGF)波形;
(3) 检测点火线圈电压;
(4) 检查点火线圈与 ECM 之间电路;
(5) 检查点火线圈与车身搭铁之间电路;
(6) 检查点火线圈与集成(IG2)继电器之间电路。

2. 火花塞

火花塞的主要功用是将点火线圈产生的脉冲高电压引入发动机气缸,并在火花塞两电极之间产生电火花,以点燃可燃混合气,其常见故障有:积碳、机油油污、积灰、爆震和瓷件大头爬电。

检测火花塞应按如下步骤进行:
(1) 火花测试;
(2) 检测火花塞电极间隙;
(3) 检测火花塞外观。

(一) 课堂练习

1. 判断题

(1) 点火模块和点火线圈形成一个点火组件,每个气缸独立使用一个点火组件。(　　)
(2) 点火线圈由初级线圈、次级线圈、点火模块等组成。(　　)
(3) 火花塞连接在点火线圈次级绕组末端。(　　)

2. 单选题

(1) 点火模块接收(　　)的点火控制信号,当点火模块接收到点火指令时,点火控制器三极管导通,初级电流流过初级绕组产生磁场。
　　A. ECU　　　　　　　　　　B. 初级线圈
　　C. 火花塞　　　　　　　　　D. 次级线圈
(2) 火花塞主要由陶瓷绝缘体、接线螺杆、接线螺母、中心电极和(　　)等组成。
　　A. 密封圈　　　　　　　　　B. 连接器
　　C. 塑料壳　　　　　　　　　D. 侧电极

（二）技能测评

表 4-3 技能评价表

序号	内　容	分值	得分
1	检测点火触发信号（IGT 波形）	10	
2	检测点火确认信号（IGF 波形）	10	
3	检测点火线圈电压	10	
4	检查点火线圈与 ECM 之间的电路	10	
5	检查点火线圈与车身搭铁之间的电路	10	
6	检查点火线圈与集成（IG2）继电器之间的电路	10	
7	火花测试	10	
8	检测火花塞电极间隙	10	
9	检测火花塞外观	10	
10	检车车辆起动是否正常，车辆故障是否消失	10	
	总分	100	

（注：操作规范即得分，操作错误或未进行操作即 0 分）

学习任务 3　曲轴位置传感器检修

任务目标

任务目标
- 能够正确描述曲轴位置传感器的功用。
- 能够正确认识曲轴位置传感器的主要组成部件。
- 依据汽车维修操作要求,规范、熟练地在 20 分钟内顺利完成对曲轴位置传感器的检修。

学习重点
- 曲轴位置传感器的功用。
- 曲轴位置传感器检修的任务实施。

知识准备

曲轴位置传感器(见图 4-41)又称发动机转速与曲轴转角传感器,安装在曲轴的前部、中部或飞轮上,是控制点火时刻、确认曲轴位置不可或缺的信号源。

1. 曲轴位置传感器功用

曲轴位置传感器的作用是采集曲轴转动角度信号、曲轴位置信号和发动机转速信号,并将这些信号输入 ECU,ECU 用此信号控制燃油喷射量、喷油正时、点火时刻(点火提前角)、点火线圈通电时间、怠速转速及电动汽油泵的运行等。见图 4-42、4-43。

曲轴位置传感器产生发动机转速信号,用来决定基本喷油量和基本点火提前角;曲轴位置传感器产生曲轴基准位置信号,用以计算曲轴转角,判定曲轴(或活塞)位置。

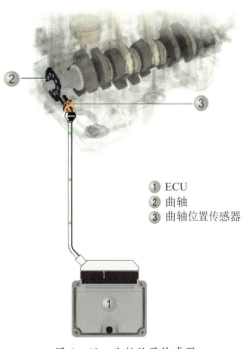

① ECU
② 曲轴
③ 曲轴位置传感器

图 4-41　曲轴位置传感器

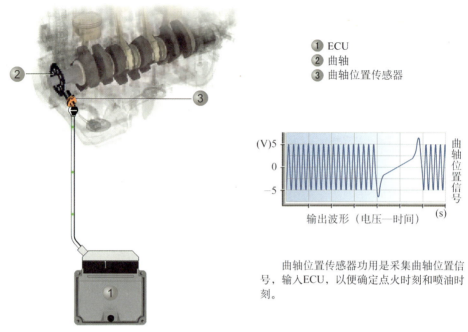

图 4-42 曲轴位置传感器的功用

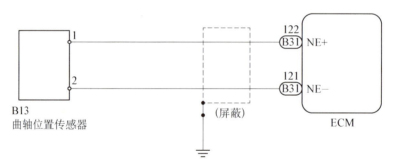

图 4-43 曲轴位置传感器功用电路图

2. 曲轴位置传感器结构

曲轴位置传感器是发动机电子控制系统中最重要的传感器之一,可分为磁感应式、霍尔式和光电式三种(见图 4-44)。其中最常用的是磁感应式曲轴位置传感器和霍尔式曲轴位置传感器。

(a)霍尔式曲轴位置传感器

(b)光电式曲轴位置传感器

(c)磁感应式曲轴位置传感器

图4-44 曲轴位置传感器的分类

磁感应式曲轴位置传感器主要由铁芯、永久磁铁、连接器针脚、线圈、壳体、密封圈等组成，见图4-45。其中永久磁铁上带有一个传感器磁头，传感器磁头与导磁板连接构成导磁回路。

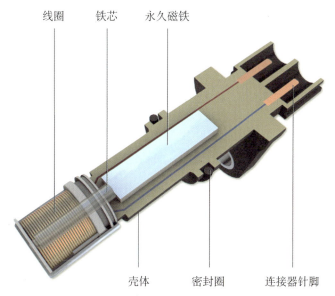
图4-45 磁感应式曲轴位置传感器结构

霍尔式曲轴位置传感器主要由永久磁铁、连接器、霍尔元件、导磁软铁、连接支架等组成，见图4-46。

3. 曲轴位置传感器工作原理

磁感应式曲轴位置传感器是利用信号转子产生脉冲信号。信号转子凸齿靠近磁极时，磁阻变小，磁通

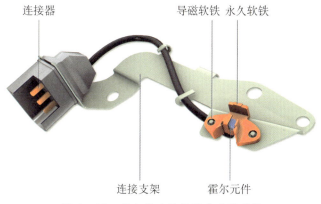
图4-46 霍尔式曲轴位置传感器结构

量变大；信号转子凸齿远离磁极时，磁阻变大，磁通量变小。信号转子的凹槽随曲轴旋转到与传感器相对的位置时，使通过传感器内线圈的磁通量发生瞬时变化，产生交变电信号，从而通过线圈产生感应电动势，向 ECU 提供输出电压信号。见图 4-47。

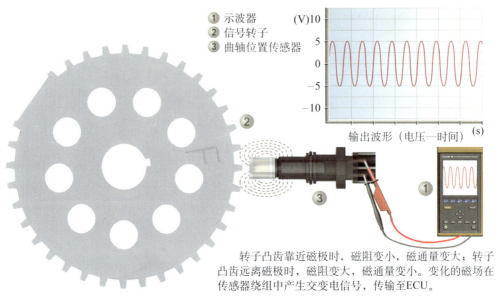

图 4-47 磁感应曲轴位置传感器工作原理

霍尔式曲轴位置传感器是利用触发叶片改变通过霍尔元件的磁场强度，从而使霍尔元件产生脉冲的霍尔电压信号，经过放大整形后即为曲轴位置传感器的磁场信号。见图 4-48。

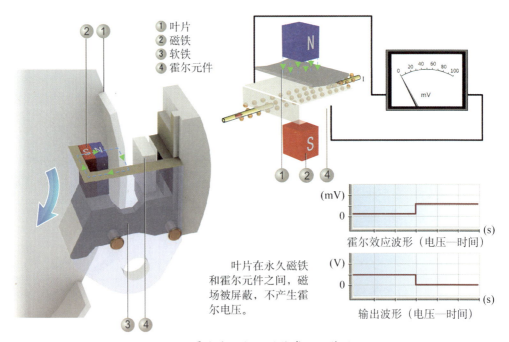

图 4-48 霍尔式曲轴位置传感器工作原理

任务实施

(一) 实施方案

1. 质量要求

参照厂家的质量标准要求。

2. 组织方式

每四位同学一组,检修卡罗拉车上的曲轴位置传感器,按照企业岗位操作规范进行作业。每组作业时间为___20___分钟。

3. 作业准备

(1) 技术要求与标准(见表4-4)。

表4-4 技术要求与标准

检测内容	检测端子	标准值
曲轴位置传感器电路	B13-1 与 B31-122(NE+)	小于1Ω
	B13-2 与 B31-121(NE-)	小于1Ω
	B13-1 与车身搭铁	10 kΩ 或更大
	B13-2 与车身搭铁	10 kΩ 或更大

(2) 设备器材:故障诊断仪、万用表、常用工具一套(见图4-49)。

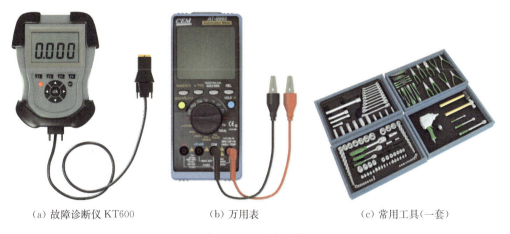

(a) 故障诊断仪KT600　　(b) 万用表　　(c) 常用工具(一套)

图4-49 设备器材

(3) 场地设施:消防设施的场地。

(4) 设备设施:2007款卡罗拉轿车一辆、汽车电脑故障诊断仪一台、示波器一台、工具车、零件车、标保工具车、垃圾桶等。

(5) 耗材：干净抹布、泡沫清洗剂等。

（二）操作步骤

1. 检测曲轴位置传感器

（1）读取故障码。

① 打开故障诊断接口盖，将汽车故障诊断仪连接到诊断接口 DLC3 上（见图 4-50），点火开关置于 ON 位置，打开诊断仪。

曲轴位置传感器检测

图 4-50 连接故障诊断仪

② 选择菜单项 Powertrain/Engine and ECT/DTC。

③ 读取诊断仪上的故障码。

P0335 曲轴位置传感器"A"电路；

P0339 曲轴位置传感器"A"电路间歇性故障。

若输出除故障码 P0335、P0339 以外的故障码，则排除是曲轴位置传感器异常导致的故障。

（2）读取数据流。

① 选择菜单项 Powertrain/Engine and ECT/Data List/Engine Speed。

② 起动发动机，发动机运转时读取诊断仪上的检测值，记录检测值。

若检测值为 0，则说明曲轴位置传感器电路可能存在断路或短路。

（3）检测曲轴位置传感器脉冲波形。

① 起动发动机，使发动机暖机。

② 发动机处于怠速运转状态时，打开示波器电源开关，调整示波器量程为 5 V/格、20 ms/格。检测以下两端子间的脉冲波形：

B31-122(NE+)与 B31-121(NE-)。

③ 比对正常波形，分析检测波形。见图 4-51。

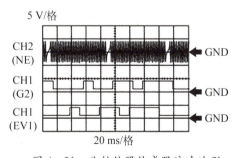

图 4-51 曲轴位置传感器脉冲波形

（4）检测曲轴位置传感器电阻。

① 断开曲轴位置传感器连接器。

② 将万用表旋转至欧姆（Ω）挡，检测曲轴转速传感器线圈电阻。见图 4-52。

图 4-52　检测曲轴位置传感器电阻

记录检测数据并与下表中数据进行比对，若检测数据不在规定范围内，则需更换曲轴位置传感器。

检测端子	检测条件	标准值
1 与 2	20℃	1 850 Ω～2 450 Ω

（5）检查曲轴位置传感器电路。

① 断开蓄电池负极电缆，见图 4-53。

图 4-53　断开蓄电池负极电缆

② 分离 ECM(B31)线束连接器，见图 4-54。

图 4-54　分离 ECM 线束连接器

③ 举升车辆，按照举升机操作规范，举升车辆至合适高度，分离曲轴位置传感器连接器，见图 4-55。

图 4-55　分离曲轴位置传感器连接器

图 4-56 连接万用表

④ 选用数字万用表,将数字万用表旋转开关置于电阻(Ω)挡,见图 4-56。

图 4-57 测量电阻值

检测两端子之间电阻(见图 4-57),记录检测数据。

将检测数据与下表中数据进行比对,若检测数据不在规定范围内,则说明曲轴位置传感器与 ECM 之间电路存在断路故障。

检测端子	检测条件	标准值
B13-1 与 B31-122(NE+)	始终	小于 1Ω
B13-2 与 B31-121(NE-)	始终	小于 1Ω

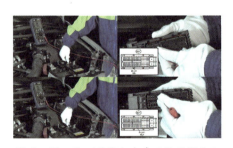

图 4-58 检测导线与车身两端子间电阻

⑤ 选用数字万用表,将数字万用表旋转开关置于电阻(Ω)挡。分别检测导线与车身两端子之间电阻,记录检测数据,见图 4-58。

将检测数据与表中数据进行比对,若不在规定范围内,则说明曲轴位置传感器与 ECM 之间电路存在短路故障。

检测端子	检测条件	标准值
B13-1 与车身搭铁	始终	10 kΩ 或更大
B13-2 与车身搭铁	始终	10 kΩ 或更大

⑥ 重新连接曲轴位置传感器连接器,见图 4-59。

图 4-59 连接曲轴位置传感器连接器

⑦ 降下车辆,重新连接 ECM 连接器,见图 4-60。

图 4-60 连接 ECM 连接器

(6) 检查曲轴位置传感器安装情况。

检查曲轴位置传感器的安装情况,保证传感器安装正确并且牢固,见图 4-61。

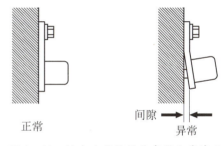

图 4-61 检查曲轴位置传感器安装情况

(7) 检查曲轴信号盘。

检查曲轴位置传感器信号盘齿有无任何裂纹或变形。

若曲轴信号盘出现裂纹或变形情况,则需要更换曲轴位置信号盘。

2. 任务检查

使用故障诊断仪检查车辆,读取故障码,检查是否存在故障码;起动车辆,检查汽车故障是否消失。

曲轴位置传感器

曲轴位置传感器安装在曲轴的前部、中部或飞轮上,是控制点火时刻、确认曲轴位置不可或缺的信号源。曲轴位置传感器的作用是采集曲轴转动角度信号、曲轴位置信号和发动机转速信号,并将这些信号输入 ECU,ECU 用此信号控制燃油喷射量、喷油正时、点火时刻(点火提前角)、点火线圈通电时间、怠速转速及电动汽油泵的运行等。最常用的曲轴位置传感器有磁感应式曲轴位置传感器和霍尔式曲轴位置传感器。

检测曲轴位置传感器应按如下步骤进行:

(1) 读取故障码;

(2) 读取数据流;

(3) 检测曲轴位置传感器脉冲波形;

(4) 检测曲轴位置传感器电阻;

(5) 检查曲轴位置传感器电路。

任务评价

(一) 课堂练习

1. 判断题

(1) 曲轴位置传感器又称发动机转速与曲轴转角传感器,只能安装在曲轴的前部。( )

(2) 曲轴位置传感器产生发动机转速信号,用来决定基本喷油量和基本点火提前角。( )

(3) 磁感应式曲轴位置传感器和霍尔式曲轴位置传感器的结构中都有永久磁铁。( )

2. 单选题

(1) 曲轴位置传感器产生曲轴基准位置信号,用以( )。

　　A. 决定基本喷油量

　　B. 计算曲轴转角,判定曲轴(或活塞)位置

　　C. 决定基本点火提前角

　　D. 控制点火时刻

(2) 磁感应式曲轴位置传感器是利用( )产生脉冲信号。

　　A. 叶片　　　　　　B. ECU　　　　　　C. 示波器　　　　　　D. 信号转子

(二) 技能测评

表 4-5　技能评价表

序号	内　　容	分值	得分
1	读取故障码	10	
2	读取数据流	10	
3	检测曲轴位置传感器脉冲波形	20	

续 表

序号	内　容	分值	得分
4	检测曲轴位置传感器线圈电阻	20	
5	检测曲轴位置传感器两端子间的电阻	20	
6	检测导线和车身两端子间的电阻	20	
	总分	100	

(注：操作规范即得分，操作错误或未进行操作即0分)

学习任务 4　凸轮轴位置传感器检修

任务目标

- 能够正确叙述凸轮轴位置传感器的功用。
- 能够正确叙述霍尔式凸轮轴位置传感器的组成部件。
- 能够正确叙述霍尔式凸轮轴位置传感器的工作原理。
- 依据汽车维修操作要求,规范、熟练地在 20 分钟内顺利完成对凸轮轴位置传感器的检修。

学习重点

- 凸轮轴位置传感器的功用。
- 凸轮轴位置传感器检修的任务实施。

知识准备

1. 凸轮轴位置传感器功用

凸轮轴位置传感器是用来检测凸轮轴位置的一个信号装置,是点火主控制信号,一般安装在凸轮轴罩盖前端对着进排气凸轮轴前端的位置(见图 4-62)。

电控发动机凸轮轴位置传感器的认知

图 4-62　凸轮轴位置传感器的安装位置

凸轮轴位置传感器的功用是采集凸轮轴位置信号,并将信号输入ECU。采集到的信号是发动机ECU的判缸信号,用来确定哪个气缸处于压缩状态。凸轮轴位置传感器与曲轴位置传感器配合工作,使发动机ECU能准确判定活塞上止点位置,从而精确地进行喷油控制、点火正时控制及配气正时控制等。见图4-63。

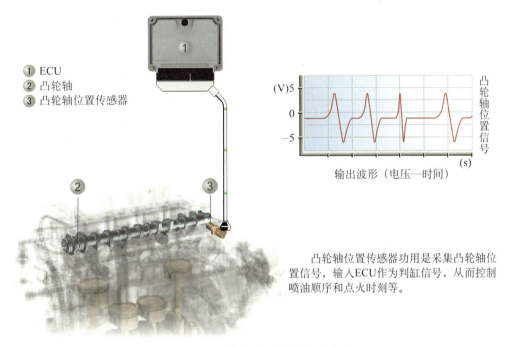

凸轮轴位置传感器功用是采集凸轮轴位置信号,输入ECU作为判缸信号,从而控制喷油顺序和点火时刻等。

图4-63 凸轮轴位置传感器的功用

2. 凸轮轴位置传感器结构

与曲轴位置传感器类似,凸轮轴位置传感器也可以分为三种:霍尔式凸轮轴位置传感器、光电式凸轮轴位置传感器和电磁式凸轮轴位置传感器(见图4-64),其中常用的是霍尔式凸轮轴位置传感器。

(a) 霍尔式凸轮轴位置传感器

（b）光电式凸轮轴位置传感器

（c）电磁式凸轮轴位置传感器

图 4-64 凸轮轴位置传感器的分类

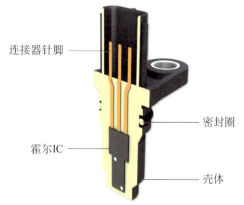

图 4-65 霍尔式凸轮轴位置传感器结构

霍尔式凸轮轴位置传感器主要由霍尔 IC、连接器针脚、壳体、密封圈等组成，见图 4-65。

3. 凸轮轴位置传感器工作原理

以霍尔式凸轮轴位置传感器为例：霍尔式凸轮轴位置传感器是利用触发叶片改变通过霍尔元件的磁场强度，从而使霍尔元件产生脉冲的霍尔电压信号，经过放大整形后即为凸轮轴位置传感器的磁场信号。见图 4-66。

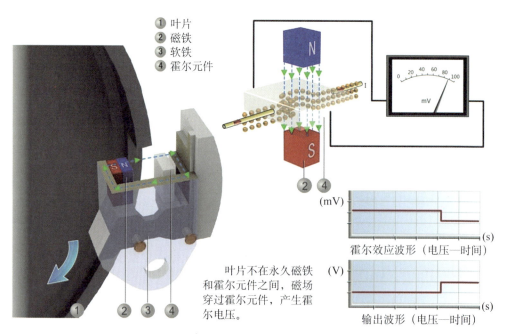

图 4-66 霍尔式凸轮轴位置传感器工作原理

(一)实施方案

1. 质量要求

参照厂家的质量标准要求。

2. 组织方式

每四位同学一组,检修卡罗拉车上的凸轮轴位置传感器,按照企业岗位操作规范进行作业。每组作业时间为 __20__ 分钟。

3. 作业准备

(1) 技术要求与标准(见表 4-6)。

表 4-6 技术要求与标准

检测内容	检测端子	标准值
进气凸轮轴位置传感器	B21-3 与车身搭铁	4.5~5.0 V
	B21-1 与 B31-99	小于 1 Ω
	B21-2 与 B31-98	小于 1 Ω
	B21-1 与车身搭铁	10 kΩ 或更大
	B21-2 与车身搭铁	10 kΩ 或更大
排气凸轮轴位置传感器	B20-3 与车身搭铁	4.5~5.0 V
	B20-1 与 B31-76	小于 1 Ω
	B20-2 与 B31-75	小于 1 Ω
	B20-1 与车身搭铁	10 kΩ 或更大
	B20-2 与车身搭铁	10 kΩ 或更大

(2) 设备器材:故障诊断仪、万用表、示波器、常用工具一套(见图 4-67)。

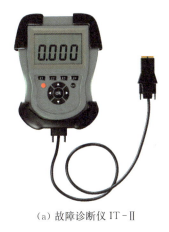

(a) 故障诊断仪 IT-Ⅱ

(b) 万用表

（c）常用工具(一套)

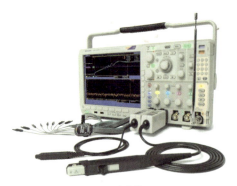
（d）示波器

图 4-67　设备器材

（3）场地设施：消防设施的场地。

（4）设备设施：2007 款卡罗拉轿车一辆、汽车电脑故障诊断仪一台、示波器一台、工具车、零件车、标保工具车、垃圾桶等。

（5）耗材：干净抹布、泡沫清洗剂等。

（二）操作步骤

1. 检测凸轮轴位置传感器

（1）读取故障码。

① 打开故障诊断接口盖，将汽车故障诊断仪连接到诊断接口 DLC3 上（见图 4-68），点火开关置于 ON 位置，打开诊断仪。

图 4-68　连接故障诊断仪

② 选择菜单项 Powertrain/Engine and ECT/DTC。

③ 读取诊断仪上的故障码。

P0340 凸轮轴位置传感器电路故障；

P0342 凸轮轴位置传感器"A"电路低输入；

P0343 凸轮轴位置传感器"A"电路高输入。

④ 若输出除故障码 P0340、P0342、P0343 以外的故障码，则先排除凸轮轴位置传感器故障。

（2）检测凸轮轴位置传感器脉冲波形。

① 起动发动机，使发动机暖机。

② 发动机处于怠速运转状态时，打开示波器电源开关，调整示波器量程为 5 V/格、10 ms/格。检测

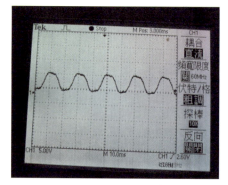

图 4-69　检测凸轮轴位置传感器脉冲波形

以下两端子间的脉冲波形:B21-1-B21-2 与 B20-1-B20-2。

③ 比对正常波形,分析检测波形,见图4-69。

(3) 检查凸轮轴位置传感器信号电压。

① 按下凸轮轴位置传感器锁舌,分离凸轮轴位置传感器连接器,见图4-70。

图4-70 分离凸轮轴位置传感器连接器

② 将点火开关置于 ON 位置,选用数字万用表,将数字万用表旋转开关置于电压(V)挡,见图4-71。

图4-71 数字万用表置于电压挡

检测两端子之间电压,记录检测数据并与下表中数据进行比对。若检测数据不在规定范围内,则需检查凸轮轴位置传感器电源电路。

检查内容	检测端子	检测条件	标准值
进气凸轮轴位置传感器	B21-3 与车身搭铁	点火开关置于 ON	4.5~5.0 V
排气凸轮轴位置传感器	B20-3 与车身搭铁		

(4) 检查凸轮轴位置传感器线束和连接器。

① 断开蓄电池负极电缆。

② 分离 ECM 线束连接器,拉出 ECM 线束连接器,见图4-72。

图4-72 分离 ECM 线束连接器

③ 选用数字万用表,将数字万用表旋转开关置于电阻(Ω)挡。

检测端子之间电阻，记录检测数据并与下表中数据进行比对。若检测数据不在规定范围内，则说明凸轮轴位置传感器与 ECM 之间电路存在断路故障。

检查内容	检测端子	检测条件	标准值
进气凸轮轴位置传感器	B21-1 与 B31-99	始终	小于 1 Ω
	B21-2 与 B31-98		
	B21-3 与 B31-70		
排气凸轮轴位置传感器	B20-1 与 B31-76		
	B20-2 与 B31-75		

检测端子之间电阻，记录检测数据并与下表中数据进行比对。若检测数据不在规定范围内，则说明凸轮轴位置传感器与 ECM 之间电路存在短路故障。

检查内容	检测端子	检测条件	标准值
进气凸轮轴位置传感器	B21-1 与车身搭铁	始终	10 kΩ 或更大
	B21-2 与车身搭铁		
	B21-3 与车身搭铁		
排气凸轮轴位置传感器	B20-1 与车身搭铁		
	B20-2 与车身搭铁		

④ 重新连接 ECM 连接器。
⑤ 重现连接蓄电池负极电缆。
⑥ 重新连接凸轮轴位置传感器连接器。
（5）检查凸轮轴位置安装情况。
确认凸轮轴位置传感器与装配表面之间是否有间隙，若有，则重新牢固安装凸轮轴位置传感器。

2. 任务检查

使用故障诊断仪检查车辆，读取故障码，检查故障码是否还存在。
起动车辆，检查汽车故障是否消失。

任务小结

凸轮轴位置传感器

凸轮轴位置传感器是用来检测凸轮轴位置的一个信号装置，一般安装在凸轮轴罩盖前端对着进排气凸轮轴前端的位置。凸轮轴位置传感器的功用是采集凸轮轴位置信号,并将信号输入 ECU。采集到的信号是发动机 ECU 的判缸信号,用来确定哪个气缸处于压缩状态。凸轮轴位置传感器可分为三种,其中常用的是霍尔式凸轮轴位置传感器。

检测凸轮轴位置传感器应按如下步骤进行:

(1) 读取故障码;

(2) 检测凸轮轴位置传感器脉冲波形;

(3) 检查凸轮轴位置传感器电路。

(一)课堂练习

1. 判断题

(1) 凸轮轴位置传感器是检测凸轮轴位置的一个信号装置,是点火主控制信号。(　　)

(2) 凸轮轴位置传感器采集到的信号是发动机 ECU 的判缸信号,用来确定哪个气缸处于非压缩状态。(　　)

(3) 凸轮轴位置传感器与曲轴位置传感器分开工作,没有任何联系。(　　)

2. 单选题

(1) 凸轮轴位置传感器的功用是采集凸轮轴位置信号,并将信号输入(　　)。

　　A. 凸轮轴　　　　　　　　　　B. 凸轮轴位置传感器

　　C. ECU　　　　　　　　　　　D. 电流表

(2) 霍尔式凸轮轴位置传感器是利用(　　)来改变通过霍尔元件的磁场强度。

　　A. 叶片　　　　B. 磁铁　　　　C. 软铁　　　　D. 霍尔元件

(二)技能评价

表4-7 技能评价表

序号	内容	分值	得分
1	读取故障码	20	
2	检测凸轮轴位置传感器脉冲波形	20	
3	检测凸轮轴位置传感器两端子间的电压	20	
4	检测凸轮轴位置传感器两端子间的电阻	20	
5	就车检查凸轮轴位置传感器	20	
	总分	100	

(注:操作规范即得分,操作错误或未进行操作即 0 分)

学习任务 5　爆震传感器检修

任务目标

任务目标
- 能够叙述爆震传感器的功用。
- 能够正确地列出三种爆震传感器。
- 能够概括爆震传感器的工作原理。
- 依据汽车维修操作要求,规范、熟练地在 20 分钟内顺利完成对爆震传感器的检修工作。

学习重点
- 爆震传感器的工作原理及其检修任务实施。

知识准备

爆震传感器的认知

1. 爆震传感器功用

发动机的爆震是指发动机气缸内的可燃混合气在火焰前锋尚未到达之前自行燃烧,导致压力急剧上升而引起缸体振动的现象。在发动机工作的临界点或有轻微爆震时,发动机热效率最高,动力性能和经济性最好,但剧烈的爆震会使发动机的动力性能和经济性严重恶化。

爆震传感器安装在发动机缸体上,通过检测发动机缸体的振动,判断有无爆震发生及爆震强度,并将发动机爆震信号转换为电信号输入发动机 ECU,以便 ECU 修正点火提前角,其目的是为了提高发动机动力性能的同时不产生爆震。

2. 爆震传感器分类

爆震传感器主要有磁致伸缩式爆震传感器和压电式爆震传感器两种,而压电式爆震传感器又分为共振型爆震传感器和非共振型爆震传感器。见图 4-73。

磁致伸缩式爆震传感器(见图 4-74)是一种电感式传感器,利用电磁感应把被测的物理量如振动、压力、位移等转换成线圈的自感系数和互感系数的变化。再由电路转换为电压或电流的变化量输出,实现非电量到电量的转换。磁致伸缩

项目四　电控点火系统检修

(a) 磁致伸缩式爆震传感器　　(b) 共振型压电式爆震传感器　　(c) 非共振型压电式爆震传感器

图 4-73　爆震传感器分类

式爆震传感器主要由铁芯、永久磁铁、感应线圈、伸缩杆及外壳等组成。

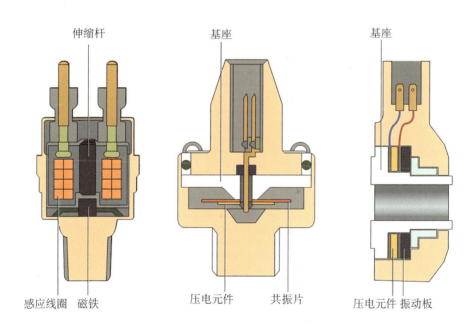

图 4-74　磁致伸缩式爆震传感器　　图 4-75　共振型压电式爆震传感器　　图 4-76　非共振型压电式爆震传感器

压电式爆震传感器(见图 4-75、4-76)利用压电效应原理制成。凡是能变换为力的动态物理量,如压力、加速度等,均可用其进行检测。下面我们主要讲解非共振型压电式爆震

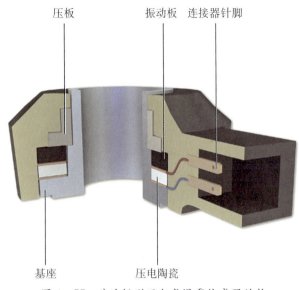

图 4-77 非共振型压电式爆震传感器结构

传感器的结构和工作原理。

3. 非共振型压电式爆震传感器结构和工作原理

非共振型压电式爆震传感器（见图 4-77）由压电陶瓷、振动板、压板、基座、连接器、外壳等组成，它实际是一种加速度传感器，以接受加速度信号的形式来检测爆震。

当发动机产生爆震时，发动机缸体出现振动，爆震传感器的壳体与振动板之间产生相对运动，夹在壳体与振动板之间的压电陶瓷所受的压力发生变化，利用压电陶瓷的压电效应将振动转化为电压信号输入 ECU，ECU 根据输入信号判断发动机有无爆震及爆震的强度。通过控制点火时刻防止爆震，有爆震则推迟点火时刻，无爆震则提前点火时刻，使点火时刻在任何工况都保持最佳值，即实现爆震控制。见图 4-78。

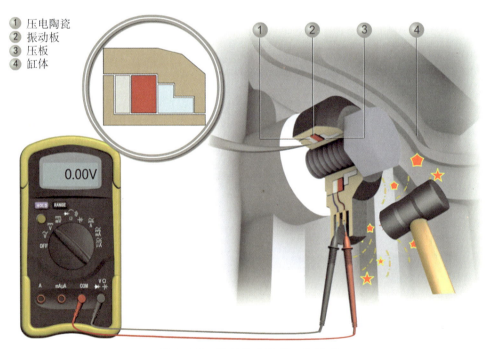

图 4-78 爆震传感器的工作原理

任务实施

（一）实施方案

1. 质量要求

参照厂家的质量标准要求。

2. 组织方式

每四位同学一组,检修卡罗拉车上的爆震传感器,按照企业岗位操作规范进行作业。每组作业时间为__20__分钟。

3. 作业准备

（1）技术要求与标准（见表4-8）。

表4-8 技术要求与标准

检测内容	检测端子	检测条件	标准值
ECM电压	D1-2 与 D1-1	点火开关ON	4.5~5.5 V
爆震传感器电路	D1-2 与 B31-110(KNK1)	始终	小于1Ω
	D1-1 与 B31-111(EKNK)		
	D1-2 或 B31-110 与车身搭铁		10 kΩ 或更大
	D1-1 或 B31-111 与车身搭铁		
	B24-4(E2)或 B31-87 与车身搭铁		
	连接器针脚1与2	20℃	120~280 kΩ

（2）设备器材：故障诊断仪、万用表、常用工具一套（见图4-79）。

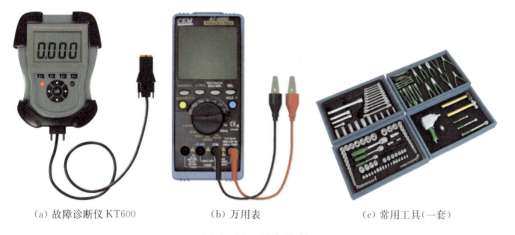

(a) 故障诊断仪KT600　　(b) 万用表　　(c) 常用工具(一套)

图4-79 设备器材

(3) 场地设施：消防设施的场地。

(4) 设备设施：2007 款卡罗拉轿车一辆、汽车电脑故障诊断仪一台、工具车、零件车、标保工具车、垃圾桶等。

(5) 耗材：干净抹布、泡沫清洗剂等。

（二）操作步骤

1. 检测爆震反馈值

（1）将诊断仪连接到诊断接口 DLC3，点火开关置于 ON 位置，打开诊断仪。

（2）起动发动机暖机。

（3）选择以下菜单：Function/Data List/Knock Feedback Value。

（4）驾驶车辆时，读取诊断仪上的数据。

查看爆震反馈值是否出现变化，若爆震反馈数据无变化，则说明爆震传感器或爆震传感器电路出现故障。

爆震传感器检测

2. 检测爆震信号波形

（1）起动发动机，发动机暖机后使发动机转速保持在 4 000 r/min 运转。

（2）打开示波器电源开关，调整示波器量程为 1 V/格、1 ms/格。检测以下两端子间的脉冲波形：B31－110(KNK) 与 B31－111(EKNK)。

（3）比对正常波形，分析检测波形（见图 4－80）。若波形显示不正确，则检查爆震传感器线路。

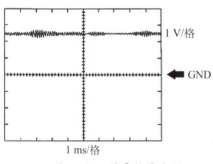

图 4－80　爆震信号波形

3. 检测 ECM 电压

（1）分离 ECM(B31) 线束连接器。

（2）举升车辆到合适操作位置，断开爆震传感器连接器。

（3）将万用表旋转开关置于电压(V)档，检测端子 D1－2 与端子 D1－1 之间的电压，记录检测数据。见图 4－81。

将检测值与下表中标准数据进行比对。

若检测值不在规定范围内，则说明爆震传感器电路出现故障，则需检修爆震传感器电路。

图 4－81　检测 ECM 电压

检查内容	检测端子	检测条件	标准值
ECM 电压	D1-2 与 D1-1	点火开关置于 ON	4.5~5.5 V

4. 检查爆震传感器与 ECM 之间电路

将万用表置于欧姆(Ω)挡,按下表中检测仪连接方式检测两端子之间的电阻,记录检测数据并与标准数据进行比对:

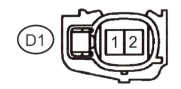

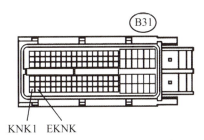

图 4-82 连接端子

标准电阻(断路检查):

检测内容	检测端子	检测条件	标准值
ECM 电阻	D1-2 与 B31-110(KNK1)	始终	小于 1 Ω
	D1-1 与 B31-111(EKNK)		

标准电阻(短路检查):

检测内容	检测端子	检测条件	标准值
ECM 电阻	D1-2 或 B31-110 与车身搭铁	始终	10 kΩ 或更大
	D1-1 或 B31-111 与车身搭铁		
	B24-4 或 B31-87 与车身搭铁		

如果任何两端子间检测数据不在规定范围内,则需要维修或更换爆震传感器线束和连接器。

5. 检查爆震传感器电阻

(1) 排净发动机冷却液。
(2) 拆卸气缸盖罩。
(3) 拆卸空气滤清器盖。

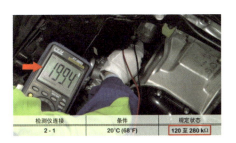

图 4-83 检测爆震传感器电阻

(4) 拆卸节气门体。

(5) 拆卸进气歧管。

(6) 拆卸爆震传感器。

(7) 将万用表置于欧姆(Ω)挡,检测爆震传感器连接器针脚 1、2 之间的电阻,记录检测数据。

将检测值与下表中标准数据进行比对,若检测值不在规定范围内,则说明爆震传感器自身存在故障,需要更换爆震传感器。

检测内容	检测端子	检测条件	标准值
爆震传感器电阻	连接器针脚 1~2	20℃	120~280 kΩ

(8) 用螺栓安装爆震传感器,按维修手册规定扭矩紧固爆震传感器紧固螺栓,并连接爆震传感器连接器。

(9) 安装进气歧管。

(10) 安装节气门体。

(11) 安装空气滤清器盖。

(12) 安装气缸盖罩。

(13) 添加发动机冷却液。

(14) 检查冷却液是否泄漏。

(15) 连接 ECM(B31) 线束连接器。

(16) 连接蓄电池负极电缆。

6. 任务检查

使用故障诊断仪对轿车进行检查,检查是否有故障码输出、查看爆震反馈值是否出现变化。路试检查发动机是否正常运转、车辆驾驶是否正常。

任务小结

爆震传感器

爆震传感器安装在发动机缸体上,它通过检测发动机缸体的振动,判断有无爆震发生及爆震强度,其目的是为了提高发动机动力性能的同时不产生爆震。

当发动机产生爆震时,爆震传感器的壳体与振动板之间产生相对运动,压电陶瓷所受的压力发生变化,压电效应将振动转化为电压信号输入 ECU,ECU 根据输入信号判断发动机有无爆震及爆震的强度。

爆震传感器可以分为磁致伸缩式爆震传感器、共振型爆震传感器和非共振型爆震传感器三种。

检测爆震传感器应按如下步骤进行:

（1）检测爆震反馈值；

（2）检测爆震信号波形；

（3）检测 ECM 电压；

（4）检查爆震传感器与 ECM 之间电路；

（5）检查爆震传感器电阻。

任务评价

（一）课堂练习

1. 判断题

（1）爆震传感器安装在发动机缸体上，它通过检测发动机缸体的振动，判断有无爆震发生及爆震强度。（　　）

（2）磁致伸缩式爆震传感器是一种光感式传感器。（　　）

（3）爆震传感器是利用压电陶瓷的压电效应将振动转化为电压信号输入 ECU 的。（　　）

2. 单选题

（1）将发动机爆震信号转换为电信号输入发动机 ECU，以便 ECU 修正（　　）。

　　A．点火提前角　　　B．爆震信号　　　C．振动频率　　　D．气缸内压力

（2）ECU 通过控制点火时刻防止爆震，有爆震则（　　）点火时刻，无爆震则（　　）点火时刻，实现爆震控制。（　　）

　　A．暂停　提前　　　B．推迟　提前　　　C．暂停　推迟　　　D．推迟　暂停

（二）技能评价

表 4-9　技能评价表

序号	内容	分值	得分
1	拆卸与安装爆震传感器	10	
2	读取爆震反馈值	10	
3	检测爆震信号波形	15	
4	检测 ECM 电压	5	
5	检测爆震传感器电路	30	
6	检测爆震传感器电阻	20	
	总分	100	

（注：操作规范即得分，操作错误或未进行操作即 0 分）

学习任务 6　点火正时检查

任务目标

任务目标
- 能够正确叙述点火正时的概念。
- 能够完整地说出点火正时失准时的6种具体表现。
- 能够正确使用2种方法检查点火正时。

学习重点
- 点火正时失准时6种具体表现及点火正时检测方法。

知识准备

1. 点火正时

点火正时指正确的点火时间。在发动机的压缩冲程终了,活塞达到行程的顶点时,点火系统向火花塞提供高压火花以点燃气缸内的压缩混合气做功,这个时间就是点火正时。

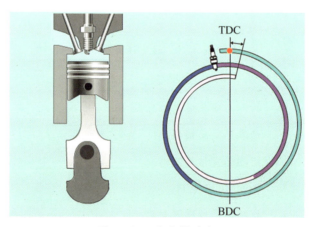

图 4-84　点火提前角

为使点火能量最大化,点火正时一般要提前一定的量,所以是在活塞即将到达上止点的那一刻点火,而不是正好达到上止点时才点火,这个提前量叫点火提前角,见图4-84。

适当的点火提前角能有效的降低燃油消耗率、提高发动机功率以及降低有害气体的排放。点火提前角过大时，会导致燃油消耗率增加，动力下降、发动机爆震。点火过迟，会导致发动机动力不足，严重情况下出现排气管放炮。

2. 点火正时失准常见情况

点火正时失准通常表现为点火正时过于提前或点火正时过迟。

（1）点火正时过于提前，将有以下现象发生：
① 听到发动机爆震的声音，在爬坡或加速期间更明显；
② 车辆起动缓慢，或起动车辆时抖动，在发动机暖机发车时更加明显。

（2）点火正时过迟，将有以下现象发生：
① 发动机动力不足；
② 起动时间比较久，起动困难；
③ 燃油经济性变差；
④ 点火过于滞后，发动机会过热。

3. 点火正时检测方法

点火正时随辛烷值的变化，是在静态情况下通过获得最佳初始点火提前角，亦即获得最佳分电器壳固定位置得到的。

在离心式调节器和真空式调节器工作正常的情况下，发动机最佳点火提前角往往决定于初始点火提前角。

检测点火正时的方法有经验法、正时灯法和缸压法。

正时灯法检测原理：1缸跳火时，接在1缸线上的传感器信号触发正时灯闪光，闪光照射到飞轮或皮带轮上的刻度与零刻度距为点火角。

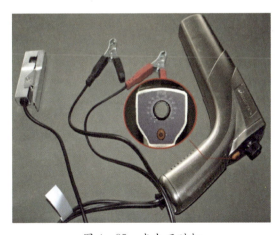

图 4-85 点火正时灯

若把闪光推迟到固定标记与零刻度对齐时发生，延时电路中可变电位计电阻的变化量（电流变化量）表示点火角。延时越大，点火角越大。

缸压法检测原理：采用缸压传感器找出某一缸压缩压力的最大点作为活塞上止点,同时用点火传感器找出同一缸的点火时刻,两者之间的凸轮轴转角即为点火提前角。

任务实施

（一）实施方案

1. 质量要求

参照厂家的质量标准要求。

2. 组织方式

每四位同学一组,检查卡罗拉车点火正时,按照企业岗位操作规范进行作业。每组作业时间为__20__分钟。

3. 作业准备

(1) 技术要求与标准(见表4-10)。

表4-10 技术要求与标准

检查内容	检测条件	标准值
点火正时	发动机怠速运转	8至12° BTDC

(2) 设备器材：故障诊断仪、点火正时灯、常用工具一套(见图4-86)。

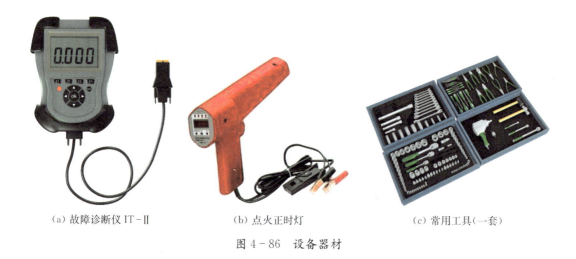

(a) 故障诊断仪 IT-Ⅱ　　(b) 点火正时灯　　(c) 常用工具(一套)

图4-86 设备器材

(3) 场地设施：消防设施的场地。

(4) 设备设施：2007款卡罗拉轿车一辆、汽车电脑故障诊断仪一台、工具车、零件车、标保工具车、垃圾桶等。

(5) 耗材：干净抹布、泡沫清洗剂等。

（二）操作步骤

1. 使用汽车电脑故障诊断仪进行检查

（1）暖机并停止发动机。

打开车门进入驾驶室，起动前检查，起动发动机运转一段时间，使冷却液温度不低于80℃，并关闭发动机。

（2）连接智能检测仪。

打开诊断接口盖，确认点火开关处于"LOCK"位置，将汽车故障诊断仪的插头正直插入到车辆检测端口。见图4-87。

检查点火正时

图4-87 连接智能检测仪

（3）检查点火正时。

起动发动机，打开电脑诊断仪，选择电脑诊断仪的功能菜单选项，读取点火正时（见图4-88），与维修手册规定范围（怠速正时8至12°BTDC）比对，如若检测值不在正常范围内，则说明点火正时有误。

退出菜单选项。

（4）取下智能检测仪。

将点火开关置于"LOCK"位置，断开汽车电脑故障诊断仪连接插头。

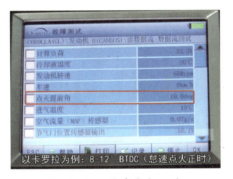

图4-88 检查点火正时

2. 使用点火正时灯进行检查

（1）拆卸发动机罩盖。

依次提取发动机罩盖的前后两端，取下发动机罩盖，见图4-89。

图4-89 拆卸发动机罩盖

（2）暖机并停止发动机。

检查挡位是否处于"P"或空挡（见图4-90），驻车制动器是否处于制动状态。

起动发动机运转一段时间，冷却液温度不低于80℃，并关闭发动机。

图4-90 检查车辆是否空挡或"P"档

图 4-91 连接点火正时灯

(3) 连接点火正时灯和 SST。

将点火正时感应夹连接至点火正时线（见图 4-91），将红色的电源夹子连接至蓄电池正极，将黑色的电源夹子连接至电源负极，确认点火开关处于"LOCK"位置。打开诊断盖使用 SST 短接 13TC 和 4CG 端子。

> **注意事项**
>
> ◇ 短接 13TC 和 4CG 端子的目的是为了读取初始点火提前角，连接端子前应检查端子号，端子连接错误可能会损坏发动机。

图 4-92 使用点火正时灯检查点火正时

(4) 检查点火正时。

起动发动机保持怠速，使用点火正时灯直接照射曲轴皮带轮。调整点火正时灯调整按钮使曲轴皮带轮正时记号与气缸体上的正时记号零刻度对应上，读取点火正时灯上的数值即为点火正时，见图 4-92。

(5) 取下点火正时灯和 SST。

确认点火开关处于"LOCK"位置，依次取下点火正时灯黑色夹子和红色夹子。取下点火正时灯感应夹，取下 SST，关闭车辆检查端口盖。

(6) 安装发动机盖罩。

3. 任务检查

起动车辆，检查车辆运行是否正常。

冷却液温度传感器功用

点火正时指正确的点火时间，为使点火能量最大化，点火正时一般要提前一定的量，这个提前量叫点火提前角。

点火正时失准通常表现为点火正时过于提前或点火正时过迟，检测点火正时的方法有经验法、正时灯法和缸压法等。

使用汽车电脑故障诊断仪检测点火正时应按如下步骤进行：

(1)暖机并停止发动机；

(2)连接智能检测仪；

(3)检查点火正时；

(4)取下智能检测仪。

使用点火正时灯检测点火正时应按如下步骤进行：

(1)拆卸发动机罩盖；

(2)暖机并停止发动机；

(3)连接点火正时灯和SST；

(4)检查点火正时；

(5)取下点火正时灯和SST；

(6)安装发动机盖罩。

（一）课堂练习

1. 判断题

(1)点火正时指正确的点火时间。（   ）

(2)在活塞正好达到上止点时点火，这个叫点火提前角。（   ）

(3)点火正时过于提前，有可能会导致起动时间比较久，起动困难。（   ）

2. 单选题

(1)以下哪项不属于点火正时过迟时的表现？（   ）。

　　A．发动机动力不足

　　B．燃油经济性变差

　　C．听到发动机爆震的声音

　　D．发动机会过热

(2)以下哪项不能用来检查点火正时？（   ）。

　　A．综合分析仪　　　B．点火正时灯　　　C．故障诊断仪

（二）技能评价

表4-11 技能评价表

序号	内容	分值	得分
1	使用故障诊断仪读取点火正时	30	
2	连接点火正时灯和SST	20	

续 表

序号	内　容	分值	得分
3	使用点火正时灯检查点火正时	40	
4	取下点火正时灯和SST	10	
	总分	100	

(注：操作规范即得分，操作错误或未进行操作即0分)

学习拓展

1. 光电式曲轴位置传感器

光电式曲轴位置传感器一般装在分电器内，由信号发生器和带光孔的信号盘等组成，见图4-93。

图4-93　光电式曲轴位置传感器结构

当发光二极管的光束照射到光敏二极管上时，光敏二极管感光而导通并产生电压；当发光二极管的光束被遮挡时，光敏二极管截止，产生电压为零。见图4-94、4-95。

2. 非共振型压电式爆震传感器

发动机振动时，非共振型压电式爆震传感器内部配重因受振动的影响而产生加速度，由

项目四　电控点火系统检修

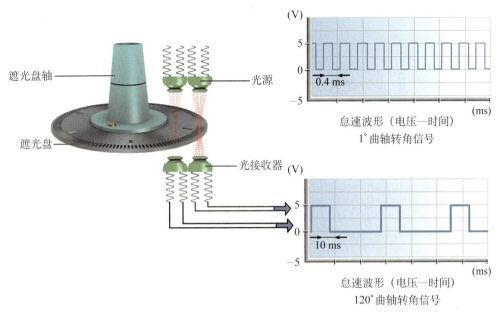

图 4-94　光电式曲轴位置传感器工作原理——怠速

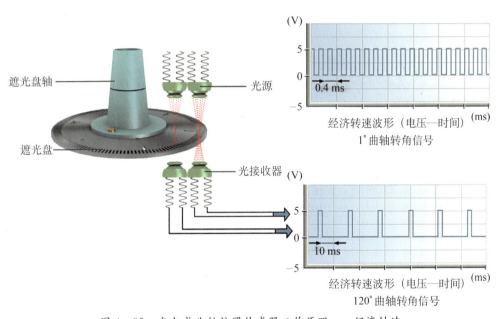

图 4-95　光电式曲轴位置传感器工作原理——经济转速

于质量的原因而产生惯性力,惯性力作用在压电元件上,压电元件受压产生电压信号经滤波器过滤之后把电压信号输送给 ECU。

这种传感器的感测频率范围设计成由零至数十千赫兹,可检测具有很宽频带的发动机振动频率。用于不同发动机上时,只须调整滤波器的过滤频率,而不需更换传感器,此为非共振型压电式爆震传感器的突出优点。见图 4-96、4-97。

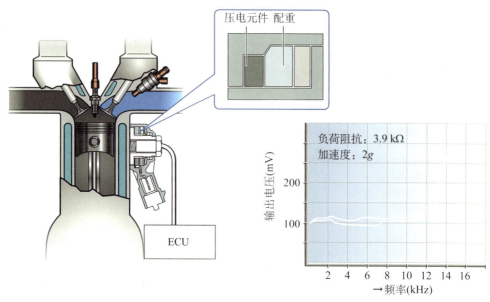

图4-96 非共振型压电式爆震传感器工作原理——发动机频率高

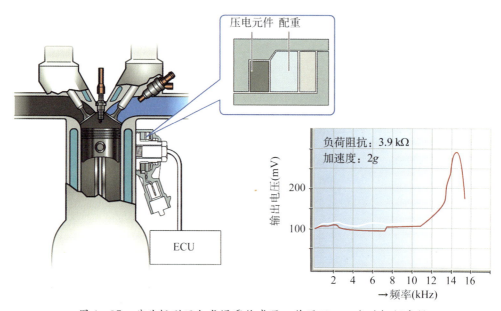

图4-97 非共振型压电式爆震传感器工作原理——发动机频率低

3. 点火正时控制

点火系统根据发动机的转速和负荷控制点火正时,以使最大燃烧爆发力发生在压缩上止点后10°,热能可以最有效地转化为推动力。但是由于发动机不能在点火的瞬间产生最大爆发力,所以点火时刻应该有所提前。

(1) 点火提前角控制。

在活塞上行的过程中,从火花塞开始点火到活塞运动到压缩上止点这段时间曲轴所转过的角度称为点火提前角,适当的点火提前角能有效地降低燃油消耗率、增大发动机功率以及减少有害气体的排放。

点火提前角控制即点火正时控制,发动机 ECU 根据记忆中存储的最佳点火正时与发动机工况相对应的情况下,计算出点火正时,并将点火信号传送给点火器。最佳点火正时主要由发动机转速和进气量(质量空气流量计)决定。

(2) 爆震控制。

爆震是由燃烧室中的空气-燃油混合气自燃(炽热点火)导致的。点火被提前时,更易于产生爆震。过度爆震会对发动机性能产生负影响,比如燃油消耗率差、动力下降。相反,轻微的爆震可以改善燃油消耗率和动力性。

当爆震传感器检测到爆震时,ECM 将延迟点火正时。检测不到爆震时,会提前点火正时至程序设定的角度。通过防止发动机产生爆震,改善了动力性和燃油消耗率。

项目五 怠速控制系统检修

项目导入

怠速控制系统(idle speed control of gasoline engine)是发动机控制系统中的辅助控制系统。当发动机处于怠速工况时,发动机ECU根据发动机冷却液温度、空调是否打开、变速器是否挂入挡位等,通过怠速控制阀对发动机的进气量进行控制,使发动机怠速工况时的转速始终在规定范围内。一旦怠速控制系统出现故障,发动机怠速将出现异常,如无怠速、怠速过高、怠速过低、怠速不稳等。此外还会造成发动机燃油消耗量增大,排放的有害物质增加,甚至不能工作。

本项目主要通过对发动机怠速控制系统的理论知识介绍及其典型故障维修实施操作,使学生掌握怠速控制系统的检修方法。

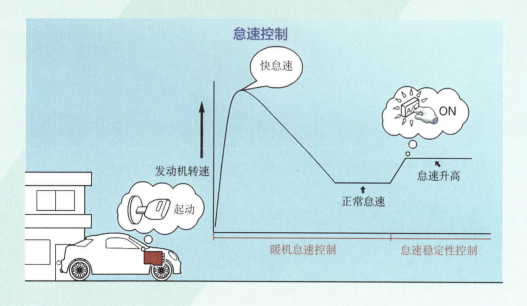

学习目标

素养目标
- 了解安全操作要求,养成安全文明操作的习惯。
- 养成组员之间互相协作的习惯。
- 实施操作结束后,清洁工具,并将工具设备归位,清洁场地。

技能目标
- 能够规范操作检查发动机怠速控制系统的工作情况,掌握怠速控制系统故障的检修方法。

知识目标
- 能够描述怠速的概念。
- 了解怠速控制系统的类型。
- 掌握怠速控制系统的组成和控制原理。

学习任务

学习任务 1
◇ 怠速控制系统认识

学习任务 2
◇ 怠速控制系统检修

学习任务 1　怠速控制系统认识

任务目标

任务目标
- 能够正确描述怠速的定义，怠速控制系统的功用及组成。
- 能够掌握怠速控制系统的控制方式及其控制原理。
- 能够对照实车找出怠速控制系统的传感器及执行器位置。

教学重点
- 怠速控制系统的控制原理。

知识准备

1. 怠速

怠速通常是指节气门关闭，加速踏板完全松开，且发动机对外无功率输出并能保持最低稳定转速的运转工况。

发动机怠速时的负荷：
① 曲柄连杆机构和配气机构的内部摩擦。
② 辅助驱动装置（水泵、发电机等）。

2. 怠速控制系统的功用

怠速控制系统的功用是实现发动机在目标转速下稳定运转，并使发动机起动后快速暖机以及开启空调后的怠速调整能够满足不同怠速工况要求，以实现良好的经济性、排放性能和运转性能。

3. 怠速控制系统的组成

怠速控制系统组成包含三部分：传感器、ECU 和执行器，怠速控制系统的执行器是怠速控制阀（ISCV）。见图 5-1。

控制系统各部分功能如表 5-1 所示。

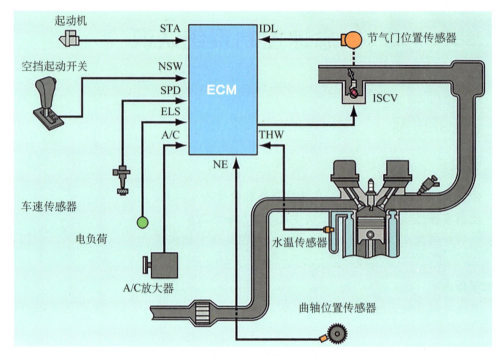

图 5-1 电子式怠速控制系统组成

表 5-1 控制系统各部分功能表

传感器或开关	曲轴位置传感器 CKP	检测发动机转速
	节气门位置传感器 TPS	检测发动机是否怠速工况
	冷却液温度传感器 ECT	检测冷却液温度
	起动开关信号 STA	检测发动机是否起动工况
	空调开关信号 A/C	检测空调是否工作
	空档起动开关信号 P/N(AT)	检测变速器是否给发动机加载荷
	液力变矩器负荷信号(AT)	检测液力变矩器负荷变化
	动力转向开关信号 PS	检测动力转向是否工作
	发电机负荷信号	检测发电机负荷
	车速传感器 VSS	检测车速,判定发动机是否怠速工况
执行器	怠速控制装置	调节怠速进气量
电子控制单元	ECU	接受、分析、运算、处理、控制

4. 怠速控制系统的控制方式

怠速控制系统按控制方式可分为两种:一是控制节气门关闭位置的节气门直动式,执行元件通过节气门操纵机构调整节气门开度大小,实现控制怠速进气量的目的。二是控制节气门旁通道空气流量的旁通控制式,执行元件通过改变旁通控制阀的位置,调整旁通空气通道的进气量,实现怠速控制。这两种形式都是以调节进气通道截面积的方法来控制空气流量,从而实现怠速调整的目的,目前节气门直动式应用广泛。见图5-2。

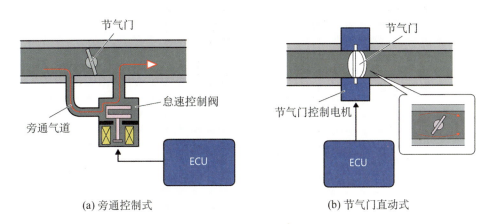

图5-2 怠速控制系统的类型

5. 怠速控制系统控制原理

发动机控制系统具有维持正常怠速运转转速的功能,即怠速控制功能。传统的怠速控制是一种原始的手动控制或机械式控制,目前现代汽车的怠速一般采用ECU智能控制。在发动机控制模块ECU的ROM中存储有各种怠速工况下的最佳怠速转速(目标转速)。发动机怠速运转时,ECU根据传感器检测的发动机状态参数确定目标转速,计算出目标转速与实际转速的差值,确定控制量,驱动怠速控制装置,改变进气量,使实际转速接近目标转速。怠速控制原理(见图5-3):

(1) 起动初始位置的设定:发动机停机没有发动机转速信号传至ECM时,怠速控制阀全开以改善发动机再次起动时的起动性能。

(2) 起动控制:在起动期间ECM根据冷却液温度传感器信号来调节怠速控制阀的开度,使之达到起动后暖机控制的最佳位置。

(3) 暖机快怠速控制:ECM根据冷却液温度传感器信号按ECM内部程序的控制特性控制怠速控制阀开度,随冷却液温度上升,开度逐渐减小。当冷却液温度达到一定温度时,暖机控制过程结束。

(4) 预测控制:怠速状态中,如变速器挡位、动力转向、空调工作状态的变化都将使发动机的转速发生可预见的变化,ECM收到信号后提前调节怠速控制阀的开度,增加怠速转速。

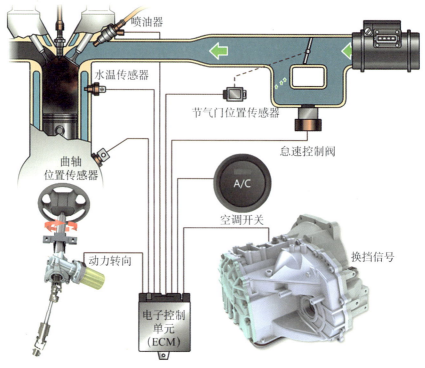

(a) 旁通控制式

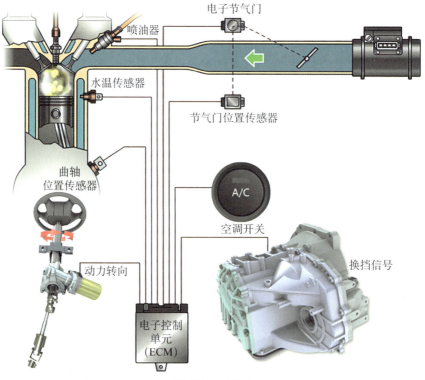

(b) 节气门直动式

图 5-3 怠速控制系统原理

任务实施

（一）实施方案

1. 质量要求

参照厂家的质量标准要求。

2. 组织方式

每四位同学一组，查看 2007 款卡罗拉 1.6L/AT 轿车发动机怠速控制系统。每组作业时间为__20__分钟。

3. 作业准备

（1）技术要求与标准：

① 进入实训场地前根据工作安全操作手册的要求穿戴好防护用品；

② 养成工具、零部件、油液"三不落地"的职业习惯，工具及拆下的零部件等都应整齐地放置在工具车及零件盘中。

（2）设备器材：手电、常用工具一套（见图 5-4）。

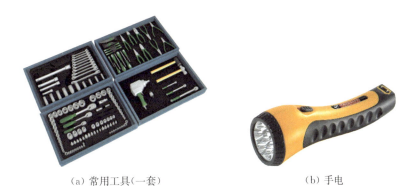

(a) 常用工具(一套)　　　　(b) 手电

图 5-4　设备器材

（3）场地设施：带消防设施的场地。

（4）设备设施：2007 款卡罗拉 1.6L/AT 轿车、工具车、标保工具车、零件车、垃圾桶。

（5）耗材：干净抹布。

（二）操作步骤

认知发动机怠速控制系统

（1）打开车门，罩好"三件套"，拉动发动机舱盖手柄；

（2）打开发动机舱盖，放置翼子板护垫及前格栅垫；

（3）找出怠速控制系统的传感器——冷却液温度传感器、节气门位置传感器等，观察其所在的位置；

（4）找出怠速控制系统的执行器，确定2007款卡罗拉1.6L/AT轿车发动机怠速控制系统的控制方式（节气门直动式）；

（5）确认换挡杆位于P挡，起动发动机，通过仪表记录同时刻的冷却液温度及发动机怠速转速，观察发动机怠速转速与冷却液温度的关系；

（6）打开、关闭空调A/C开关，观察发动机怠速是否有变化。

（7）整理工位，将车辆恢复原样。

1. 怠速

怠速通常是指节气门关闭，加速踏板完全松开，且发动机对外无功率输出并能保持最低稳定转速的运转工况。

2. 怠速控制系统作用

怠速控制系统的功用是实现发动机在目标转速下稳定运转，使得发动机满足不同怠速工况要求，以实现良好的经济性、排放性能和运转性能。

3. 怠速控制系统的组成

怠速控制系统组成包含三部分：传感器、ECU和执行器。

4. 怠速控制系统的控制方式

（1）旁通控制式；

（2）气门直动式。

5. 怠速控制系统控制原理

发动机怠速转速控制的实质是对怠速进气量的控制。其控制原理：

（1）起动初始位置的设定（改善发动机再次起动时的起动性能）；

（2）起动控制（达到起动后暖机控制的最佳位置）；

（3）暖机快怠速控制（使发动机快速暖机）；

（4）预测控制（变速器挡位、动力转向、空调工作状态的变化导致怠速变化）。

（一）课堂练习

1. 判断题

（1）发动机怠速转速控制的实质是对怠速进气量的控制。（　　）

（2）以旁通控制式怠速控制系统为例，在发动机起动时，旁管路的开口角度变小，目的是提高发动机的起动性能。（　　）

（3）发动机冷起动时，怠速控制系统会控制怠速控制阀使进气的开口角度变大使发动机怠速

稳定。(　　)

(4) 发动机刚起动时,怠速较高,随着冷却液温度的升高,怠速会有所下降。(　　)

(5) 怠速控制系统需要用节气门全关闭信号、车速信号等对于怠速状态进行确认,所以只有在怠速状态被确认的情况下才进行怠速反馈控制。(　　)

2. 单选题

(1) 怠速进气控制方式主要有旁通控制式和(　　)。
   A. 节气门自动式   B. 节气门旁通式
   C. 节气门直动式   D. 以上三项都是

(2) 发动机怠速控制系统工作正常的情况下,下列哪项不会导致怠速时发动机转速升高?(　　)。
   A. 暖机过程中随着冷却液温度的升高   B. 打开空调 A/C 开关
   C. 将变速杆从 N 挡换至 D 挡   D. 原地扭转方向盘

(3) 下列哪项说法不正确?(　　)。
   A. 发动机停机时时,怠速控制阀全开
   B. 怠速控制阀开度,随冷却液温度上升,开度逐渐减小
   C. 在起动期间 ECM 根据进气温度传感器信号来调节怠速控制阀的开度,使之达到起动后暖机控制的最佳位置
   D. 发动机怠速运转时,ECU 根据传感器检测状况确定控制量,驱动怠速控制装置,改变进气量,使实际转速接近目标转速

(二) 技能评价

表 5-2　技能评价表

序号	内　　容	分值	得分
1	安装"三件套",放置翼子板护垫、前格栅垫	20	
2	找出怠速控制系统的传感器	10	
3	找出怠速控制系统的执行器	20	
4	观察发动机怠速转速与冷却液温度的关系	20	
5	观察打开、关闭空调 A/C 开关怠速变化情况	20	
6	整理工位	10	
总分		100	

(注:操作规范即得分,操作错误或未进行操作即 0 分)

学习任务 2　怠速控制系统检修

任务目标

任务目标
- 能够掌握智能电子节气门控制系统组成及其各部件的功用。
- 能够描述节气门控制电机的工作过程。
- 能够对怠速控制系统故障进行维修。

教学重点
- 怠速控制系统检修的任务实施。

知识准备

2007 款丰田卡罗拉 1.6AT 轿车发动机控制系统,采用节气门直动式怠速控制方式控制发动机怠速,发动机怠速转速由 ETCS-i(智能电子节气门控制系统)控制,利用节气门准确控制发动机怠速运转期间的空气吸入量。

1. 智能电子节气门控制系统组成

传统节气门的开启与关闭是由从加速踏板到节气门的一根油门拉索来控制。如图 5-5 所示,在 ETCS-i 系统里,油门拉索已被取消,而是根据加速踏板位置传感器检测踩压量的大小,ECM 使用节气门控制电机来控制节气门的开启角度以达到最佳角度值。而节气门的实际开启角度是由节气门位置传感器所检测,并反馈给 ECM。

2007 款丰田卡罗拉轿车智能电子节气门控制系统由以下部件构成:一个单阀节气门体;节气门控制电机,用

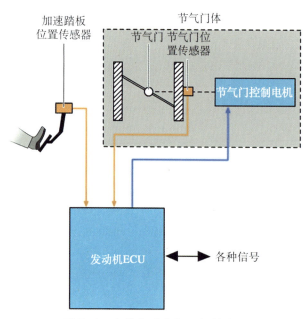

图 5-5　智能电子节气门控制系统

以操控节气门;节气门位置传感器,用以检测节气门开度;油门踏板位置传感器,用以检测油门踏板位置;ECM,用以控制整个系统。ECM根据目标怠速转速,控制节气门控制电机,以提供正确的节气门开度。

2. 节气门控制电机(怠速控制系统执行器)

2007款丰田卡罗拉轿车节气门控制电机(见图5-6)采用了反应灵敏度高、耗能少的直流马达,ECM控制流向节气门电机的电流大小和方向,使马达转动或维持,并通过减速齿轮打开或关闭节气门,节气门的实际开启角由节气门位置传感器检测并反馈给ECM。其电路图如图5-7所示。

图5-6 节气门体总成中的节气门控制电机

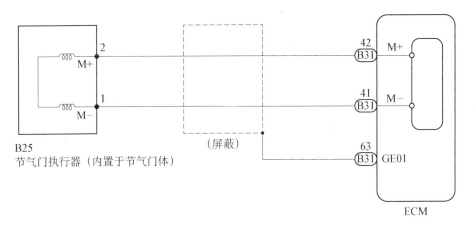

图5-7 节气门控制电机电路图

当没有电流流向马达时,节气门回位弹簧使节气门开启到一个固定位置(大约6°),在怠速期间,节气门的开度反而要关闭到小于这个固定位置。当ECM检测到有故障发生时,将点亮组合仪表上的故障指示灯并同时切断节气门控制电机电源。由于节气门保持开启角度为6°,所以车辆仍能被开到一个安全的地方。

(一)实施方案

1. 质量要求

参照厂家的质量标准要求。

2. 组织方式

每四位同学一组,检修2007款丰田卡罗拉1.6AT轿车上的怠速控制系统,按照企业岗位操作规范进行作业。每组作业时间为__40__分钟。

3. 作业准备

(1)技术要求与标准:

① 进入实训场地前根据工作安全操作手册的要求穿戴好防护用品;

② 养成工具、零部件、油液"三不落地"的职业习惯,工具及拆下的零部件等都应整齐地放置在工具车及零件盘中。

(2)设备器材:常用工具一套(见图5-8)。

常用工具(一套)

图5-8 设备器材

(3)场地设施:带消防设施的场地。

(4)设备设施:2007款卡罗拉1.6L/AT轿车、工具车、标保工具车、零件车、垃圾桶。

(5)耗材:干净抹布。

(二)操作步骤

步骤一 制定故障排除流程

发动机怠速控制系统出现故障时,一般故障现象为当发动机在有负荷和水温较低的情况下不能提速,或者发动机怠速波动。怠速控制系统故障诊断流程为(见图5-9):

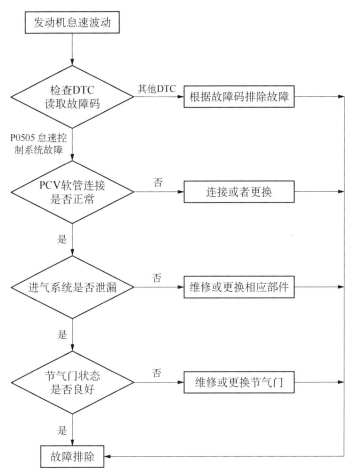

图 5-9 怠速控制系统故障诊断流程图

步骤二 按照流程图排除故障

1. 检查输出 DTC

连接智能检测仪读取故障代码,2007 款卡罗拉轿车怠速控制系统故障的故障代码为 P0505,若输出故障码有 P0505 以外的其他故障代码,先对其他故障代码进行排除。

提示:节气门未完全关闭会导致输出"P0505 怠速控制系统故障",要确认油门踏板没有被其他异物压住。

2. 检查曲轴箱强制通风软管

检查曲轴箱强制通风软管连接是否正常,是否有破损。

3. 检查进气系统

检查进气系统是否存在真空泄漏,见图 5-10。

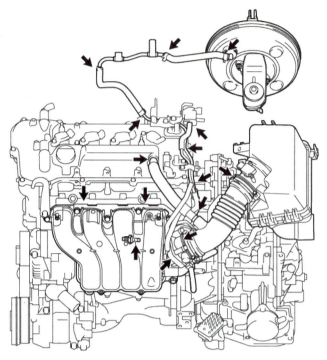

图 5-10 检查进气系统

4. 检查节气门

确认节气门未被异物脏堵,并且可以平稳转动。

(1) 检查节气门控制电机的工作声音:

将点火开关置于 ON 位置,踩下油门踏板时,检查电动机的工作声音。确保电动机没有摩擦噪声。

(2) 检查节气门位置传感器:

① 连接智能检测仪,将点火开关置于 ON 位置并开启智能检测仪;

② 选择选择以下菜单项:Powertrain/Engine and ECT/Data List/Throttle Position;

③ 节气门全开时,检查确认"Throttle Position"值在规定范围内。

标准节气门开度百分比:60%或更高。

◇ 检查标准节气门开度百分比时,换挡杆应在 N 位置。

如果百分比小于 60%,则更换节气门体。

5. 任务检查

起动车辆,检查发动机是否运行正常,确认发动机怠速控制系统故障排除。

 **任务小结**

1. 智能电子节气门控制系统组成

智能电子节气门控制系统由节气门、节气门控制电机、节气门位置传感器、油门踏板位置传感器、发动机 ECM 组成。

2. 节气门控制电机

节气门控制电机采用反应灵敏度高、耗能少的直流马达,ECM 控制流向节气门电机的电流大小和方向,使马达转动或维持,并通过减速齿轮打开或关闭节气门,节气门的实际开启角由节气门位置传感器检测并反馈给 ECM。

3. 怠速控制系统故障的基本排除流程

(1) 检查输出的故障码;
(2) 检查曲轴箱强制通风软管是否连接良好;
(3) 检查进气系统是否存在真空泄漏;
(4) 检查节气门。

 **任务评价**

(一) 课堂练习

1. 判断题

(1) 2007 款丰田卡罗拉 1.6AT 轿车发动机控制系统,采用旁通控制式控制发动机怠速。( )
(2) 智能电子节气门控制系统由节气门、怠速控制阀、节气门位置传感器、油门踏板位置传感器、发动机 ECM 组成。( )
(3) 节气门控制电机采用直流马达,当没有电流流向马达时,节气门回位弹簧使节气门开启到一个固定位置(大约 6°),在怠速期间,节气门的开度打开至大于这个位置。( )
(4) 在智能电子节气门控制系统中,节气门控制电机是发动机怠速控制系统的执行器。( )

2. 单选题

下列说法中不正确的是( )。

A. 2007 款丰田卡罗拉轿车怠速进气量通过控制节气门开度大小改变
B. 智能电子节气门控制系统通过油门拉索控制节气门
C. 节气门的实际开启角由节气门位置传感器检测并反馈给 ECM
D. 当 ECM 检测到智能电子节气门控制系统有故障发生时,会切断节气门控制电机电源

（二）技能评价

表 5-3 技能评价表

序号	内　　容	分值	得分
1	检查输出 DTC	10	
2	检查曲轴箱强制通风软管	20	
3	检查进气系统	20	
4	检查节气门	20	
5	检查确认故障排除	20	
6	整理工位	10	
	总分	100	

（注：操作规范即得分，操作错误或未进行操作即 0 分）

学习拓展

1. 电磁转阀型怠速控制阀

电磁转阀型怠速控制阀（见图 5-11）包括一组电磁线圈、集成电路、永久磁铁和阀，阀附接在节气门体上。

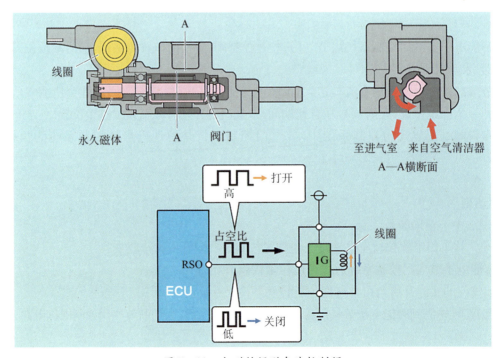

图 5-11　电磁转阀型怠速控制阀

集成电路是利用发动机 ECU 信号传出的占空信号，控制流入电磁线圈电流的方向及大小，使阀门转动，控制从节气门的旁通通道流入的空气量。占空比较高时，集成电路将阀门向打开方向转动；占空比较低时，集成电路将阀门向关闭方向转动。

若发生使电流无法流向怠速控制阀的故障时（电路中出现断路等），阀会受永磁铁的作用，阀门向固定开口位置打开。

2. 步进马达型怠速控制阀

步进马达型怠速控制阀（见图 5-12）附接在进气室上。阀门被安装在转子（永久磁铁）末端上，通过其在转子的旋转过程中的被转出或转入来控制从旁通通道流入的空气量。

步进马达利用电流流进电磁线圈时对永久磁铁（转子）产生的磁力作用控制阀门的开启与关闭。如图 5-12 所示，当电流流向电磁线圈 C1 时，对磁铁产生拉力作用，当切断流向 C1 的电流时，电流流向 C2 时，磁铁将被拉向 C2。按顺序 C3、C4 同样接通/切断电流，从而实现转子的转动。若按照 C4→C1 的顺序切换电流，则可实现转子的反向运动。

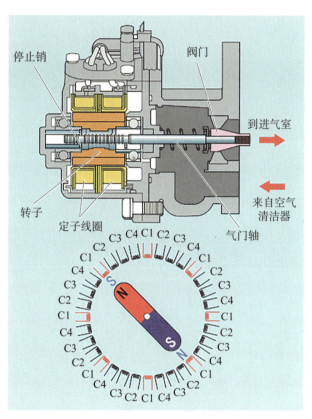

图 5-12 步进马达型怠速控制阀

项目六 排放控制系统检修

项目导入

为了应对越来越严苛的环保要求,现代汽车发动机一般都装有专门的排放控制装置,以达到尽可能地改善排放性能的目的。排放控制系统主要用于减少废气中的有害气体,如CO、HC、NOX等排入大气。排放控制系统主要有曲轴箱通风系统、三元催化装置、燃油蒸发排放控制系统、废气再循环系统,本项目主要介绍排放控制系统的检修方法。

学习目标

素养目标
- 了解安全操作要求,养成安全文明操作的习惯。
- 养成组员之间互相协作的习惯。
- 实施操作结束后,清洁工具,并将工具设备归位,清洁场地。

技能目标
- 能规范使用万用表、故障诊断仪、示波器、发动机综合分析仪等。
- 依据汽车维修操作要求,熟练规范地完成排气控制系统进行检测和零部件更换。

知识目标
- 能用自己的语言,概括排放控制系统各组成部件之间相互协调的工作过程。

学习任务

学习任务 1
◇ 排放控制系统认识

学习任务 2
◇ 曲轴箱通风检查

学习任务 3
◇ 氧传感器和三元催化器检测

学习任务 4
◇ 燃油蒸发排放控制系统检测

学习任务 5
◇ 废气再循环系统检修

学习任务 1　排放控制系统认识

任务目标

任务目标
- 能够罗列出至少三种汽车排放污染物的名称。
- 能够叙述排放控制系统的功用。
- 能够在 20 分钟内，顺利从实车上识别出排放控制系统的四大组成系统。

学习重点
- 排放控制系统功用、组成及其在实车上的位置。

知识准备

1. 汽车排放物及其危害

环境是当今世界各国普遍关注的重大问题，因为它是人类赖以生存和发展的基础，如果人类的生存环境遭到破坏，将严重阻碍社会经济的发展，并会威胁到人类的健康与生存。人类在进入二十一世纪以后，生产力得到了高速发展，创造了高度的物质文明，但也带来了一系列社会和环境问题。特别是人类从环境中获取物质和能量，创造了人类需要的物质文明和财富，同时也将污染带给了环境，造成对环境的污染和生态系统的破坏。汽车排放是目前增长最快的大气污染源，是 CO、HC、NO_x 和微粒物等空气污染的主要来源(见图 6-1)。

当氧气量足够，混合气浓度达到理论空燃比 14.7∶1 时，燃油理想地、完全地燃烧可用下面的化学反应式描述：

$$m_1 C_x H_r + n_1 O_2 = m_2 H_2 O + n_2 CO_2$$

由上式可知，理想条件下，混合气和氧气反应后只生成水和二氧化碳，对环境没有污染。但是实际情况是由于燃烧室不具备充分燃烧的条件，发动机也不能时时保持在理论空燃比状态等因素，汽油不能严格按照化学理论发生反应，所以除

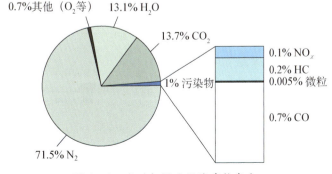

图 6-1　发动机燃油燃烧产物成分

了主要的燃烧产物水和二氧化碳之外，还产生了一些有害的成分。

有害气体中，CO 是无色无味有毒的气体，是混合气不完全燃烧产生的。CO 与血液中的血红蛋白亲合的速度比 O_2 快 250 倍。CO 经呼吸道进入血液循环，与血红蛋白亲合后生成碳氧血红蛋白，从而削弱血液向各组织输送氧的功能，危害中枢神经系统，造成人的感觉、反应、理解、记忆力等机能障碍，重者危害血液循环系统，导致生命危险。

HC 是未燃烃类、烃类燃烧的中间产物和不完全燃烧产物，包括所有无氧和有氧碳氢化合物。汽油机中 HC 的产生主要是因为低温缸壁的冷激作用使火焰消失，以及电火花太弱不能点燃混合气等。HC 吸入人体后会破坏造血机能，造成贫血、神经衰弱等，同时也会致癌。

NO_x 的主要形式是 NO、NO_2 和 N_2O，它们是空气中的氮气参与燃烧过程的产物。NO_x 是对人体有害的气体，特别是对呼吸系统有危害。NO 是无色无味的气体，NO 吸入人体后会造成中枢神经系统障碍。在空气中，NO 逐步被转化成 NO_2。NO_2 是有毒、具有穿透性气味的红棕色气体。当空气中的 NO_2 浓度较大时会刺激人体粘膜。而且 NO_2 会造成血液中血红蛋白变性，使血液输气能力下降，轻则引起呼吸异常，重则致人死亡。

汽车微粒排放会降低大气能见度，引起人体呼吸系统的疾病，例如造成呼吸短促、咳嗽和喘息，加重呼吸系统疾病的程度和损害肺部组织等。尤其是极细微粒，更容易侵入人体肺脏深处，对人体造成更严重的损伤。

2. 排放控制系统功用及组成

排放控制系统的功用是减少汽车排放废气中的有害气体排入大气。排放控制系统主要包括曲轴箱强制通风（PCV）系统、燃油蒸发排放控制（EVAP）系统、三元催化转换（TWC）系统以及废气再循环（EGR）系统四个系统，主要组成部件见下图：

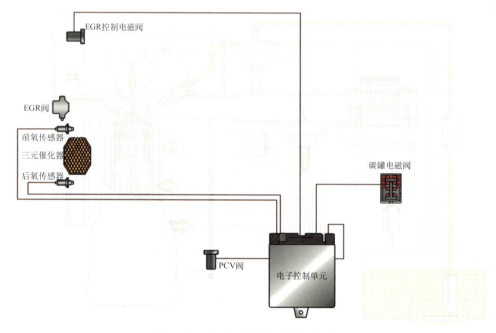

图 6-2 发动机排放控制系统组成

（一）实施方案

1. 质量要求

参照厂家的质量标准要求。

2. 组织方式

每四位同学一组，查看卡罗拉车上的排放控制系统，每组作业时间为__20__分钟。

3. 作业准备

（1）技术要求与标准：

① 习惯性使用"三件套"、发动机舱防护罩等汽车防护物品，养成良好职业习惯；

② 养成"采取安全防护措施维修作业"的习惯；

③ 养成工具、零部件、油液"三不落地"的职业习惯，工具及拆下的零部件等都应整齐地放置在工具车及零件盘中。

（2）设备器材：举升机、常用工具一套（见图6-3）。

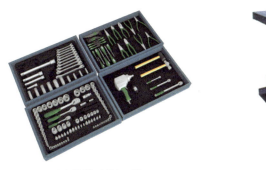
（a）常用工具（一套）

（b）举升机

图6-3 设备器材

（3）场地设施：消防设施的场地。

（4）设备设施：2007款卡罗拉轿车一辆、举升机一台、工具车、零件车、标保工具车、垃圾桶等。

（5）耗材：干净抹布、泡沫清洗剂等。

（二）操作步骤

识别发动机排放控制系统的组成部件

（1）打开车门，罩好"三件套"，拉动发动机舱盖手柄；

（2）打开发动机舱盖，罩好发动机舱防护罩，拆下发动机护板；

(3) 找出 PCV 阀,观察其所在的位置;
(4) 按照举升机的操作要求采取相应的安全防护措施,用举升机举起汽车;
(5) 从汽车底部找出氧传感器,观察其安装位置;
(6) 找出三元催化器,观察其安装位置;
(7) 找出碳罐电磁阀,观察结构其安装位置;
(8) 找出 EGR 阀,观察其结构和安装位置;
(9) 将汽车及举升机复位,并检查复位状况是否良好。

1. 汽车排放物

汽车排放物主要有 CO、HC、NO_x 和微粒物等,它是目前增长最快的大气污染源。CO 是无色无味有毒的气体,是混合气不完全燃烧产生的。HC 是未燃烃类、烃类燃烧的中间产物和不完全燃烧产物,包括所有无氧和有氧碳氢化合物。NO_x 的主要形式是 NO、NO_2 和 N_2O,它们是空气中的氮气参与燃烧过程的产物。这些物质都对人类的身体健康存在着严重的隐患。

2. 排放控制系统

排放控制系统的功用是减少汽车排放废气中的有害气体排入大气,主要包括曲轴箱强制通风(PCV)系统、燃油蒸发排放控制(EVAP)系统、三元催化转换(TWC)系统以及废气再循环(EGR)系统四个系统。

(一) 课堂练习

1. 判断题

(1) 理想条件下,混合气和氧气反应后只生成水和二氧化碳,对环境的污染较轻。(   )

(2) NO 是有毒、具有穿透性气味的红棕色气体。(   )

(3) NO 是在空气重被逐步氧化成 NO_2 的。(   )

2. 单选题

(1) 以下各项中不属于 CO 对人体危害的是(   )。

　　A. 与血红蛋白亲合后生成碳氧血红蛋白

　　B. 削弱血液向各组织输送氧的功能

　　C. 危害血液循环系统

　　D. 造成贫血

（2）以下哪个系统不属于排放控制系统的组成？（　　）。
　　A. PCV　　　　　　B. VAP　　　　　　C. TWC　　　　　　D. EGR

（二）技能测评

表6-1 技能评价表

序号	内　　容	分值	得分
1	铺好"三件套"，拉动发动机舱盖手柄	5	
2	打开发动机舱盖，铺好发动机舱防护罩，拆下发动机护板	5	
3	找出PCV阀	15	
4	找出发动机舱内（或驾驶室仪表板下方）的ECU	5	
5	按照操作要求举升车辆	5	
6	找出氧传感器	15	
7	找出三元催化器	15	
8	找出碳罐电磁阀	15	
9	找出EGR阀	15	
10	将汽车及举升机复位	5	
	总分	100	

（注：操作正确即得分，操作错误或未进行操作即0分）

学习任务 2　曲轴箱通风检查

任务目标

- 能够用自己的语言描述曲轴箱强制通风系统的功用。
- 能够罗列出曲轴箱通风系统的组成部件。
- 能够简要概括曲轴箱强制通风系统的工作过程。
- 依据汽车维修操作要求,在 20 分钟内顺利完成对曲轴箱通风系统的检查。

学习重点

- 曲轴箱通风系统的工作原理。
- 曲轴箱通风检查的任务实施。

1. 曲轴箱强制通风系统功用

在发动机工作时,一部分可燃混合气和燃烧后的废气经活塞环与气缸内壁之间的间隙窜入曲轴箱内。窜入曲轴箱内的混合气凝结后将稀释机油,使机油性能变坏。混合气内含有水蒸气和二氧化硫,水蒸气凝结在机油中形成泡沫,破坏机油供给,这种现象在冬季尤为严重。二氧化硫遇水生成亚硫酸,亚硫酸遇到空气中的氧生成硫酸,这些酸性物质的出现不仅使机油变质,而且也会使零件受到腐蚀。另外,由于可燃混合气和废气窜入曲轴箱内,曲轴箱内的压力将增大,如果不通风,机油会从油封、气缸垫等处压出。但是如果将这些混合气直接排到大气中,又会污染环境。

为了使发动机曲轴箱既能通风又不污染环境,发动机装有曲轴箱强制通风系统(Positive Crankcase Ventilation),简称 PCV,它将进入曲轴箱的混合气导入进气歧管重新燃烧,不仅提高了发动机的经济性,而且还减轻了发动机的排放污染,因此在现代汽车发动机上广泛使用。

发动机曲轴箱强制通风系统的作用是:防止机油变质;防止曲轴油封、曲轴箱衬垫渗漏;防止泄漏的混合气污染环境。

2. 曲轴箱强制通风系统组成

曲轴箱强制通风系统由 PCV 阀和通气软管组成,见图 6-4。一根通气软管连接节气门前方通气孔和气缸盖之间，向曲轴箱补充新鲜空气；另一根通气软管连接在节气门后方真空连接管和气缸盖之间，依靠进气管的真空（负压）将曲轴箱内部的混合气吸入进气管。PCV阀根据节气门后方真空度的变化控制吸入进气管泄漏混合气的量。

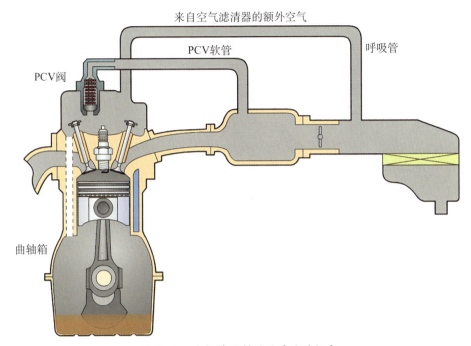

图6-4　曲轴箱强制通风系统的组成

PCV阀是曲轴箱强制通风系统中最重要的部件，它安装在气缸盖和节气门后方之间的通气管路中，由锥形阀体、弹簧和壳体等组成，见图6-5。

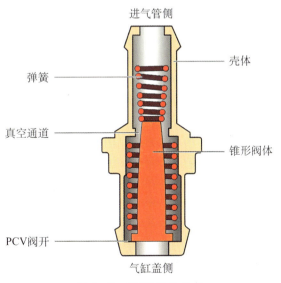

图6-5　PCV阀的组成

PCV 阀控制曲轴箱内混合气流入进气管的量,同时防止气体或火焰反向流动。

3. 曲轴箱强制通风系统工作原理

发动机低速小负荷工况时,曲轴箱内窜入的混合气多,使曲轴箱内压力增大,在真空度控制下,PCV 阀打开,将混合气抽进气缸再次燃烧。见图 6-6、6-7。

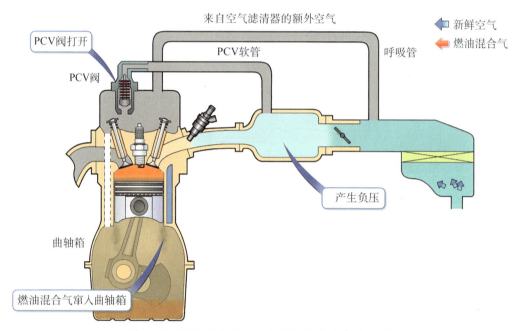

图 6-6 PCV 阀打开——发动机低速小负荷工况

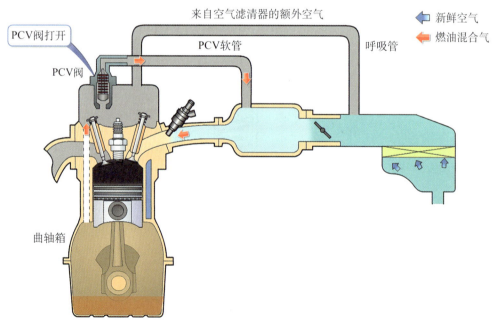

图 6-7 混合气返回气缸——发动机低速小负荷工况

发动机高速高负荷工况时,曲轴箱内窜入的混合气少,在真空度控制下PCV阀打开,将混合气抽进气缸再次燃烧,同时,有空气从呼吸管进入曲轴箱,防止曲轴箱产生负压。见图6-8。

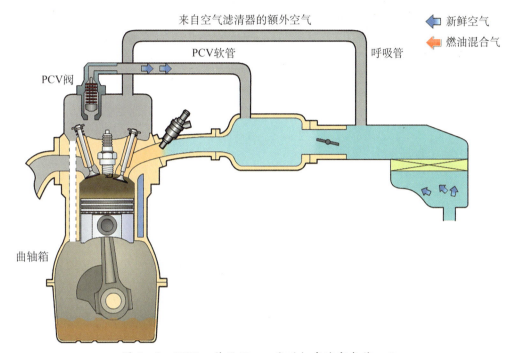

图6-8 PCV工作原理——发动机高速高负荷工况

（一）实施方案

1. 质量要求

参照厂家的质量标准要求。

2. 组织方式

每四位同学一组,检查卡罗拉车上的曲轴箱通风情况,每组作业时间为__20__分钟。

3. 作业准备

（1）技术要求与标准：

PCV阀连接软管应无裂纹、鼓包、扭曲及漏气现象。

（2）设备器材：球节锁紧螺母扳手、常用工具一套(见图6-9)。

（3）场地设施：消防设施的场地。

（4）设备设施：2007款卡罗拉轿车一辆、球节锁紧螺母扳手一把、工具车、零件车、标保工具车、垃圾桶等。

(a) 常用工具(一套)

(b) 22 mm 球节锁紧螺母扳手

图 6-9 设备器材

(5) 耗材：干净抹布、泡沫清洗剂等。

(二) 操作步骤

1. 检查 PCV 阀连接软管

（1）启动发动机。

（2）用手夹紧—松开 PCV 阀连接软管数次，听 PCV 阀软管有无发出"嘀嗒"声。

（3）观察 PCV 阀连接软管是否有裂纹、鼓包、扭曲或漏气等损坏。

技术要求：PCV 阀连接软管应无裂纹、鼓包、扭曲及漏气现象。

2. 检查 PCV 阀

（1）拆卸进气歧管。

（2）拆卸 PCV 阀分总成。

用球节锁紧螺母扳手(22 mm)，拆下 PCV 阀分总成。见图 6-10。

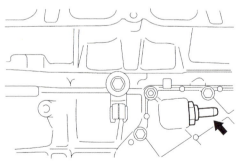
图 6-10 拆卸 PCV 阀分总成

（3）将洁净软管安装到 PCV 阀上。

（4）检查 PCV 阀的工作情况。

① 向气缸盖侧吹空气,检查并确认空气畅通,见图 6-11。

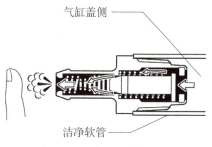

图 6-11　向气缸盖侧吹气

② 向进气歧管侧吹入空气,检查并确认空气流通困难,见图 6-12。

如果结果不符合规定,则更换 PCV 阀。

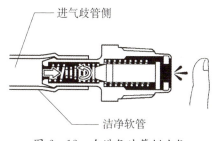

图 6-12　向进气歧管侧吹气

(5) 从 PCV 阀上拆下洁净软管。

◇ 不要通过阀吸入空气,阀内的汽油物质对身体有害。

曲轴箱通风系统

曲轴箱强制通风系统(PCV)的作用是:防止机油变质;防止曲轴油封、曲轴箱衬垫渗漏;防止泄漏的混合气污染环境。

曲轴箱强制通风系统由 PCV 阀和通气软管组成,PCV 阀是曲轴箱强制通风系统中最重要的部件,它能根据节气门后方真空度(负压)的变化控制吸入进气管泄漏混合气的量。发动机低速小负荷工况时,PCV 阀打开,将混合气抽进气缸再次燃烧;发动机高速高负荷时,PCV 阀打开,同时有空气从呼吸管进入曲轴箱,防止曲轴箱产生负压。

检查曲轴箱通风系统包括以下步骤:
(1) 检查 PCV 阀连接软管;
(2) 拆卸进气歧管;
(3) 拆卸 PCV 阀分总成;
(4) 将洁净软管安装到 PCV 阀上;

(5) 检查 PCV 阀的工作情况；

(6) 从 PCV 阀上拆下洁净软管。

任务评价

（一）课堂练习

1. 判断题

（1）曲轴箱强制通风系统与发动机节气门开度无关。（ ）

（2）曲轴箱强制通风系统堵塞会使发动机转速增加。（ ）

（3）强制通风装置（PVC）中，单向阀失效将可能会引起发动机怠速不稳。（ ）

2. 单选题

（1）曲轴箱通风的目的主要是（ ）。

　　A．排出漏入曲轴箱内的可燃混合气与废气

　　B．冷却润滑油

　　C．排出水和汽油

　　D．向曲轴箱供给氧气

（2）曲轴箱通风管堵塞将直接引起（ ）。

　　A．烧机油　　　　B．废气超标　　　　C．油耗增加　　　　D．曲轴箱压力增加

（二）技能测评

表 6-2　技能评价表

序号	内　　容	分值	得分
1	检查 PCV 阀连接软管	25	
2	拆卸进气歧管	15	
3	拆卸 PCV 阀分总成	15	
4	将洁净软管安装到 PCV 阀上	15	
5	向气缸盖侧吹空气，检查并确认空气畅通	15	
6	向进气歧管侧吹入空气，检查并确认空气流通困难	15	
总分		100	

（注：操作规范即得分，操作错误或未进行操作即 0 分）

学习任务 3　氧传感器和三元催化器检测

任务目标

任务目标
- 能够完整罗列出两种不同氧传感器的组成部件。
- 能够描述氧传感器和三元催化器的工作过程。
- 依据汽车维修操作要求,规范、熟练地在15分钟内完成氧传感器和三元催化器的检测。

学习重点
- 氧传感器和三元催化器工作原理及其检测的任务实施。

知识准备

1. 氧传感器功用

轿车上一般安装有前氧传感器和后氧传感器。前氧传感器安装在发动机排气管和三元催化器之间,主要用于修正喷油量;后氧传感器也称为空燃比传感器,安装在三元催化器之后,用于监视三元催化器的工作状况。

氧传感器用来检测废气中氧的浓度并转换为电信号,将此信号反馈给 ECU,ECU 据此判断可燃混合气的浓度,调节喷油量。可燃混合气的浓度偏稀时增加喷油量,偏浓时减少喷油量,使可燃混合气浓度接近理论值(空燃比 14.7∶1)。

氧传感器的认知

2. 氧传感器结构

常见的氧传感器有加热型氧化锆式氧传感器和加热型氧化钛式氧传感器,见图 6-13。

加热型氧化钛式氧传感器主要由二氧化钛元件、加热元件、通气孔、陶瓷管、连接器等组成,其中加热元件采用热敏电阻,其上绕有钨丝并引出两个电极直接与汽车电源(12~14 V)相通,用于对二氧化钛进行加热,使氧化钛式氧传感器迅速达到工作温度而进入工作状态。见图 6-14。

加热型氧化锆式氧传感器主要由锆管、内电极、外电极、加热元件、陶瓷管、连接器等组成。其中加热元件采用热敏电阻,其上绕有钨丝并引出两个电极直接与

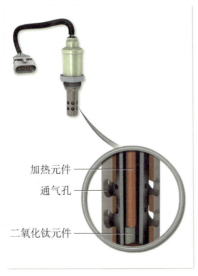 

(a) 加热型氧化钛式氧传感器 (b) 加热型氧化锆式氧传感器

图 6-13 氧传感器的分类

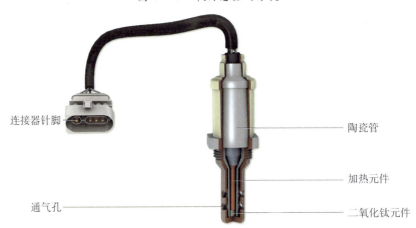

图 6-14 加热型氧化钛式氧传感器结构

图 6-15 加热型氧化锆式氧传感器结构

汽车电源(12~14 V)相通，用于对锆管进行加热，使氧化锆式氧传感器迅速达到工作温度而进入工作状态。见图 6-15。

3. 氧传感器工作原理

以氧化锆式氧传感器为例，二氧化锆为一种固体电解质，在高温下，氧离子在其内部能够扩散和渗透。当氧化锆管的内外侧表面分别接触到不同密度的氧时，氧化锆物质中的氧离子便从内向外扩散，产生电动势，管内外侧的铂电极间便产生电压。

在高温及铂的催化下，废气中带负电的氧离子吸附在氧化锆套管的内外表面上，由于大气中的氧气比废气中的氧气多，套管上与大气相通一侧比废气一侧吸附更多的负离子，两侧离子的浓度差产生电动势，使铂电极产生电压信号，此电压信号在输入回路的比较器中与基准电压对比，以 0.45 V 以上为 1，以 0.45 V 以下为 0 输入汽车 ECU 中处理，ECU 把高电压信号视作浓混合气，把低电压信号视作稀混合气。根据氧传感器的电压信号，ECU 按照尽可能接近 14.7∶1 的最佳空燃比来稀释或加浓混合气。

排气管废气中氧气含量增加时，锆管内外表面之间的电压差减小，氧传感器输出低电压信号(<0.45 V)，反馈给 ECU 的是混合气稀信号，ECU 将增加喷油信号脉宽。见图 6-16。

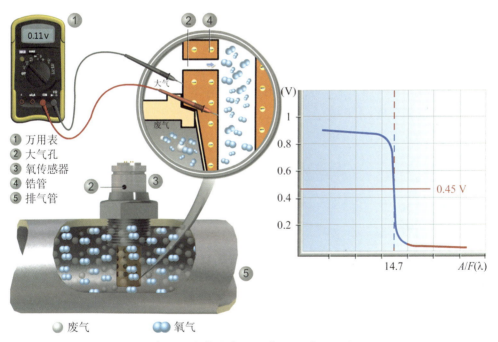

图 6-16 氧化锆式氧传感器工作原理(空燃比大于 14.7)

排气管废气中氧气含量减少时，锆管内外表面之间的电压差增加，氧传感器输出高电压信号(>0.45 V)，反馈给 ECU 的是混合气浓信号，ECU 将减少喷油信号脉宽。见图 6-17。

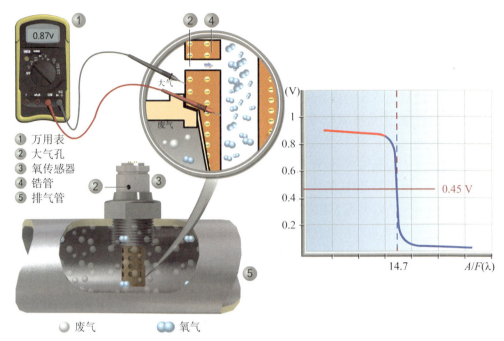

图 6-17 氧化锆式氧传感器工作原理（空燃比小于14.7）

4. 三元催化器（TWC）

三元催化器的认知

三元催化器（TWC）是安装在汽车排放控制系统中最重要的机外净化装置，它可将汽车尾气排出的 CO、HC 和 NO_x 等有害气体通过氧化和还原作用转变为无害的二氧化碳、水和氮气。由于这种催化器可同时将废气中的三种主要有害物质转化为无害物质，故称"三元"。见图 6-18。

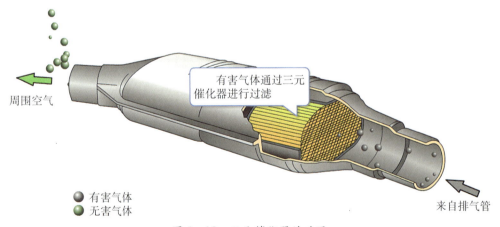

图 6-18 三元催化器的功用

三元催化器主要由外壳、金属网、陶瓷块、整流器等组成。见图 6-19。

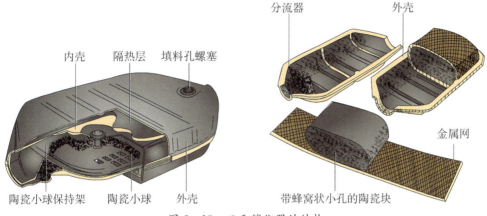

图 6-19 三元催化器的结构

三元催化器可以将有害物质转化为无害物质,其转化过程中化学反应主要有氧化反应和还原反应两种。有害成分按照下面的步骤被转化:

首先,三元催化器利用内含的贵金属铑(Rh)做催化剂,氮氧化物和CO还原反应生成N_2、CO_2和O_2,化学反应如下:

$$2NO + 2CO = N_2 + 2CO_2$$
$$2NO_2 + 2CO = N_2 + 2CO_2 + O_2$$

其次,在铂(Pt)或钯(Pd)催化剂的催化下,CO和HC与氧气发生氧化反应,产生CO_2和H_2O,化学反应如下:

$$2CO + O_2 = 2CO_2$$
$$2C_2H_6 + 7O_2 = 4CO_2 + 6H_2O$$

氧化过程需要的氧气来源于不完全燃烧后在废气中残余的氧气,还有一部分来源于氮氧化物还原反应中生成的氧气。

实际上,上述化学反应在正常的环境下也能够自发地进行,但其转化速度和转化效率很有限。依靠自发进行的化学反应无法达到现代汽车排放污染控制法规的要求。而在三元催化转化器的反应床表面上,在常规的发动机排气温度和催化剂的作用下,上述化学反应的速度和效率被大大增强了。

(一) 实施方案

1. 质量要求

参照厂家的质量标准要求。

2. 组织方式

每四位同学一组,查看卡罗拉车上的氧传感器和三元催化器,每组作业时间为 30

分钟。

3. 作业准备

(1) 技术要求与标准(见表6-3)。

表6-3 技术要求与标准

检测内容	端子号	条件	规定状态
氧传感器电源电压	B24-2(+B)与车身搭铁	点火开关ON	9～14 V
氧传感器线束和连接器	B24-1(HT1B)与B31-47(HT1B)	始终	小于1 Ω
	B24-1(HT1B)与车身搭铁		10 kΩ或更大
氧传感器加热器电阻	B24-1(HT1B)-B24-2(+B)	20℃	11～16 Ω
	B24-1(HT1B)-B24-4(E2)	始终	10 kΩ或更大

(2) 设备器材：故障诊断仪、万用表、尾气分析仪、红外线测温仪、真空表、常用工具一套(见图6-20)。

(a) 故障诊断仪IT-Ⅱ

(b) 万用表

(c) 常用工具(一套)

(d) 尾气分析仪

(e) 红外线测温仪

(f) 真空表

图6-20 设备器材

（3）场地设施：消防设施的场地。

（4）设备设施：2007 款卡罗拉轿车一辆、汽车电脑故障诊断仪一台、尾气分析仪、红外线测温仪、真空表、工具车、零件车、标保工具车、垃圾桶等。

（5）耗材：干净抹布、泡沫清洗剂等。

（二）操作步骤

1. 氧传感器检测

（1）读取氧传感器输出电压。

① 将故障诊断仪连接到汽车的 DLC3 诊断接口。

② 将点火开关置于 ON 位置，起动发动机，并打开故障检测仪。

③ 选择以下菜单项：
Powertrain/Engine and ECT/Data List/A/F Control System/O2S B1 S2

氧传感器检测

④ 暖机之后，使发动机以 2 500 r/min 的转速怠速运转三分钟。

⑤ 踩油门踏板，使发动机转速快速提高至 4 000 r/min，反复操作三次，读取氧传感器的输出电压。正常情况下，输出电压值在 0.4 V 或更低与 0.55 V 或更高范围内波动，否则，氧传感器存在故障。

（2）检查氧传感器脉冲波形。

① 起动发动机 20～30 秒，使发动机以 2 500 r/min 的转速怠速运转三分钟。

② 打开示波器电源开关，调整示波器量程为 0.2 V/格、200 ms/格。检测以下两端子间的脉冲波形：B31 - 64 (OX1B) 与 B31 - 87 (EX1B) 之间。

③ 对比正常波形，分析检测波形，见图 6 - 21。

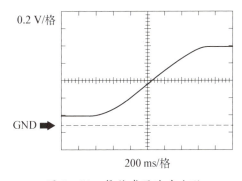

图 6 - 21　氧传感器脉冲波形

（3）检测氧传感器电源电压。

① 举升车辆至操作的合适位置，分离氧传感器线束连接器。

② 将万用表置于直流电压（V）挡，按下表中检测仪连接方式检测两端子之间的电压，记录检测数据，见图 6 - 22。

将检测数据与标准数据进行比对，如果检测数据不在规定范围内，则维修或更换线束连接器。

图 6 - 22　检测氧传感器电源电压

检查内容	检测仪连接	开关状态	标准状态
氧传感器电源电压	B24-2(+B)与车身搭铁	点火开关 ON	9~14 V

(4) 检查氧传感器线束和连接器。

① 断开蓄电池负极电缆。

② 分离 ECM(B31)线束连接器。

③ 将万用表置于欧姆(Ω)挡,按下表中检测仪连接方式检测两端子之间的电阻,记录检测数据,见图 6-23。

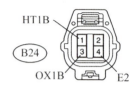

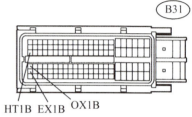

图 6-23 连接端子

将检测数据与标准数据进行比对,如果任何两端子间检测数据不在规定范围内,则需要维修或更换氧传感器线束和连接器。

标准电阻(断路检查):

检测仪连接	开关状态	标准状态
B24-1(HT1B)与 B31-47(HT1B)	始终	小于1Ω
B24-3(OX1B)与 B31-64(OX1B)		
B24-4(E2)与 B31-87(EX1B)		

标准电阻(短路检查):

检测仪连接	开关状态	标准状态
B24-1(HT1B)或 B31-47(HT1B)与车身搭铁	始终	10 kΩ 或更大
B24-3(OX1B)或 B31-64(OX1B)与车身搭铁		
B24-4(E2)或 B31-87(EX1B)与车身搭铁		

(5) 检测氧传感器加热器电阻。

① 断开蓄电池负极电缆。

② 将万用表置于欧姆(Ω)挡,检测以下两端子之间的电阻,记录检测数据,见图 6-24。

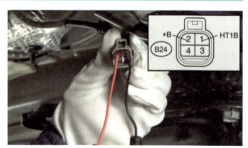

图 6-24 检测氧传感器加热器电阻

将检测数据与标准数据进行比对,如果检测数据不在规定范围内,则需更换氧传感器。

检测仪连接	开关状态	标准状态
B24-1(HT1B) 与 B24-2(+B)	20℃	11～16 Ω
B24-1(HT1B) 与 B24-4(E2)	始终	10 kΩ 或更大

③ 连接氧传感器连接器。
④ 降下车辆,连接 ECM(B31)线束连接器。
⑤ 连接蓄电池负极端子。

2. 三元催化器检测

(1) 外观检查。

检查三元催化器在行驶中是否受到损伤以及是否过热。

将车辆升起之后,观察三元催化器表面是否有凹陷,如有明显的凹痕和刮擦,则说明三元催化器的载体可能受到损伤。观察三元催化器外壳上是否有严重的褪色斑点或略有成青色和紫色的痕迹,在三元催化器防护罩的中央是否有非常明显的暗灰斑点,如有则说明三元催化器曾处于过热状态,需做进一步的检查。

用拳头敲击并晃动三元催化器,如果听到有物体移动的声音,则说明其内部催化剂载体破碎,需要更换三元催化器。同时要检查三元催化器是否有裂纹,各连接处是否牢固,各类导管是否有泄漏,如有则应及时加以处理。此方法简单有效,可快速检查三元催化器的机械故障。

(2) 背压试验。

在三元催化器前端排气管的适当位置上安装一个压力表,起动发动机,在急速和2 500 r/min时,分别测量排气背压,如果排气背压不超过发动机所规定的限值(一般不超过 20 kPa),则表明催化剂载体没有被阻塞。

如果排气背压超过发动机所规定的限值,则需将三元催化器后端的排气系统拆掉,重复以上的试验。如果排气背压仍将超过发动机所规定的限值,说明三元催化器阻塞;如果排气背压下降,则说明消声器或三元催化器下游的排气系统出现问题,破碎的催化剂载体滞留在下游的排气系统中。

(3) 真空试验。

将真空表接到进气歧管,起动发动机,使其从急速逐渐升至2 500 r/min,观察真空表的变化,如果这时真空度下降,则保持发动机转速2 500 r/min不变,且此后真空度读数若有明显下降,则说明三元催化器有阻塞。

三元催化器阻塞后,排气不畅,活塞吸气能力下降,进气歧管真空度会发生明显下降。但如果进气歧管真空度下降,并不能完全说明是由三元催化器阻塞造成的。发动机供油量减少时,进气歧管的真空度也会下降。因此与真空试验相比,排气背压试验更能真实反映三元催化器的情况。

以上方法只能检查三元催化器机械故障,若要检查三元催化器性能的好坏,也就是其转化效率的高低,则需要通过以下两种方法来判断。

(4) 温度测试法。

三元催化器在正常工作状态下,由于氧化反应产生了大量的热量,因此可通过温差对比来判断三元催化器性能的好坏。

图 6-25　红外线测温仪

起动发动机,预热至正常工作温度,将发动机转速维持在 2 500 r/min 左右,将车辆举升,用红外线激光温度计(见图 6-25)测量三元催化器进口和出口的温度,需尽量靠近催化转化器(50 mm 内)。三元催化器出口的温度应至少高于进口温度 10%～15%,大多数正常工作的三元催化器出口温度会高于进口温度 20%～25%。如果车辆在主催化转化器之前还安装了预催化转化器,主催化转化器出口温度应高于进口温度 15%～20%,如果出口温度值低于以上的范围,则催化转化器工作不正常,需更换;如果出口温度值超过以上范围,则说明废气中含有异常高浓度的 CO 和 HC,需对发动机本身做进一步的检查。

(5) 尾气分析测试法。

用尾气分析仪(见图 6-26)检测车辆尾气排放,如果 CO/HC 和 NO_x 的含量都高,表明三元催化转化器很可能已经失效。

3. 任务检查

使用故障诊断仪对轿车进行检查,检查是否有故障码输出、检查节气门开度百分比对应数值是否在规定范围内。

路试检查发动机是否正常运转、车辆行驶是否正常。

图 6-26　尾气分析仪

任务小结

1. 氧传感器

氧传感器用来检测废气中氧的浓度并转换为电信号,将此信号反馈给 ECU,ECU 据此判断可燃混合气的浓度,调节喷油量。常见的氧传感器有加热型氧化锆式氧传感器和加热型氧化钛式氧传感器。

氧化锆式氧传感器主要由锆管、内电极、外电极、加热元件、陶瓷管、连接器等组成。其中加热元件采用热敏电阻,其上绕有钨丝并引出两个电极直接与汽车电源(12～14 V)相通,用于对锆管进行加热,使氧化锆式氧传感器迅速达到工作温度而进入工作状态。

氧化钛式氧传感器主要由二氧化钛元件、加热元件、通气孔、陶瓷管、连接器等组成,其中加热元件同样采用热敏电阻,其上绕有钨丝并引出两个电极直接与汽车电源(12～

14 V)相通,用于对二氧化钛进行加热,使氧化钛式氧传感器迅速达到工作温度而进入工作状态。

氧传感器的检测应包含以下步骤:

(1) 读取氧传感器输出电压;
(2) 检查氧传感器脉冲波形;
(3) 检测氧传感器电源电压;
(4) 检查加热型氧传感器线束和连接器;
(5) 检测加热型氧传感器加热器电阻。

2. 三元催化器

三元催化器(TWC)是安装在汽车排放控制系统中最重要的机外净化装置,主要由外壳、金属网、陶瓷块、整流器等组成。三元催化器可以将有害物质转化为无害物质,其转化过程中化学反应主要有氧化反应和还原反应两种。

三元催化器的检测可以有以下几种方法:

(1) 外观检查;
(2) 背压试验;
(3) 真空试验;
(4) 温度测试法;
(5) 尾气分析测试法。

(一) 课堂练习

1. 判断题

(1) 前氧传感器安装在三元催化器之后。(　　)
(2) 氧传感器将检测到废气中氧的浓度转换为电信号,并根据电信号自行调节喷油量。(　　)
(3) 二氧化锆是一种固体电解质,在高温下,氧离子在其内部能够扩散和渗透。(　　)
(4) 当氧传感器输出低电压信号(<0.45 V)时,反馈给 ECU 的是混合气稀信号,ECU 将减小喷油脉宽。(　　)
(5) 三元催化器是安装在汽车排放控制系统中最重要的机外净化装置,它可将汽车尾气排出的有害气体转化为低害物质。(　　)

2. 单选题

(1) 后氧传感器安装在三元催化器(　　),用于监视三元催化器的工作状况。
　　A．之后　　　　B．之前　　　　C．上面　　　　D．下方
(2) 常见的氧传感器有加热型氧化锆式氧传感器和氧化(　　)式氧传感器。
　　A．铬　　　　　B．钴　　　　　C．钛　　　　　D．钒

(3) 三元催化器通过还原反应,将氮氧化物和 CO 转化成 N_2、CO_2 和 O_2 所使用的催化剂是（　　）。

A. Rh　　　　B. Pt　　　　C. Pd　　　　D. Pb

（二）技能测评

表 6-4　技能评价表

序号	内　　容	分值	得分
1	读取氧传感器输出电压	10	
2	检查氧传感器脉冲波形	10	
3	检测氧传感器电源电压	10	
4	检查氧传感器线束和连接器	10	
5	检测氧传感器加热器电阻	10	
6	三元催化器外观检查	10	
7	三元催化器背压试验	10	
8	三元催化器真空试验	10	
9	三元催化器温度测试	10	
10	三元催化器尾气分析测试	10	
	总分	100	

（注：操作规范即得分,操作错误或未进行操作即 0 分）

学习任务 4　燃油蒸发排放控制系统检测

任务目标
- 能够描述燃油蒸发排放控制系统的功用。
- 能够认识燃油蒸发排放控制系统的组成部件。
- 能够概括燃油蒸发排放控制系统的工作原理。
- 能够在 30 分钟内顺利完成对燃油蒸发排放控制系统的检测。

学习重点
- 燃油蒸发排放控制系统的工作原理及其检测的任务实施。

知识准备

1. 燃油蒸发排放控制系统功用

燃油蒸发排放控制系统，又叫汽油蒸气排放控制系统，是汽车发动机辅助控制系统之一，也是汽车发动机排放控制系统之一。

由于汽油具有较强的挥发性，因此，由于温度及环境压力的变化，汽车在使用过程中容易造成汽油的挥发和泄漏，从而引起环境污染和燃油的浪费。在下列条件下会有更多的燃油蒸气从燃油箱释放到大气中：

（1）当燃油箱中的燃油温度变高时，或者是由于外界环境温度的升高，或者是由于从发动机燃油系统回油管流回的被发动机加热过的燃油。

（2）当环境压力降低时，例如在山区中上山时。

为了满足法规对 HC 排放的要求，车辆上装备了燃油蒸发控制系统（Evaporative Emission Control，简称"EVAP"）。EVAP 可将燃油箱内的燃油蒸气暂时存储在活性炭罐中，并在合适的工况下经进气管吸入气缸内部烧掉，一方面避免了泄漏产生的环境污染，另外还节约了燃油。

2. 燃油蒸发排放控制系统组成

燃油蒸发排放控制系统主要由活性炭罐、空气流量计、碳罐电磁阀、电子节气门、水温传感器、曲轴转速传感器、喷油器等部件组成，见图 6-27。

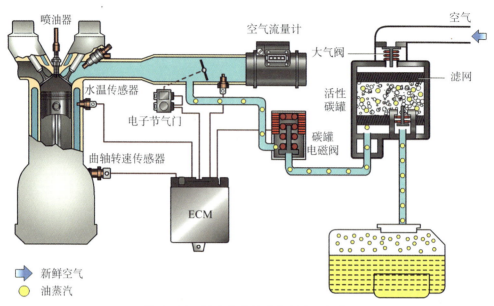

图 6-27 燃油蒸发排放控制系统组成

3. 燃油蒸发排放控制系统工作原理

燃油蒸发排放控制系统工作时,油箱中的燃油蒸气通过单向阀进入活性炭罐,空气从碳罐上部进入清洗活性炭。在碳罐左下方有一定量排放小孔及受 ECU 控制的排放控制阀,怠速、低温、加速工况时,电磁阀关闭。见图 6-28。

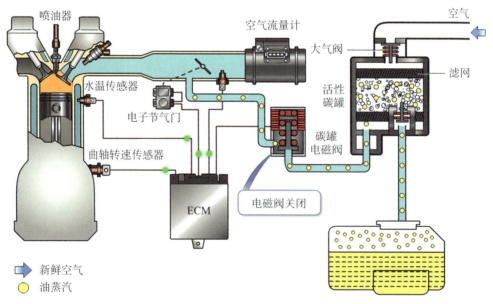

图 6-28 燃油蒸发排放控制系统工作原理——怠速、低温、加速工况

中、高速工况时,电磁阀开启。见图 6-29。

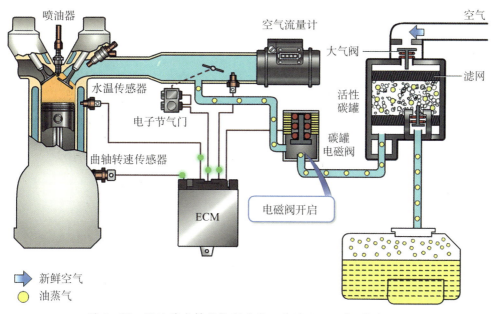

图 6-29　燃油蒸发排放控制系统工作原理——中、高速工况

（一）实施方案

1. 质量要求
参照厂家的质量标准要求。

2. 组织方式
每四位同学一组,查看卡罗拉车上的燃油蒸发排放控制系统,每组作业时间为　30　分钟。

3. 作业准备
（1）技术要求与标准（见表6-5）。

表6-5　技术要求与标准

检测内容	端子号	条件	规定状态
EVAP 电磁阀电阻	B19-1 与 B19-2	20℃	23 至 26 Ω
	B19-2 与车身搭铁	—	大于 10 MΩ
EVAP 电磁阀电源	B19-2 与车身搭铁	点火开关 ON	9～14 V
EVAP 阀与 ECU 之间线路	B19-1 与 B31-49	—	小于 1 Ω

(2) 设备器材：故障诊断仪、万用表、常用工具一套（见图 6-30）。

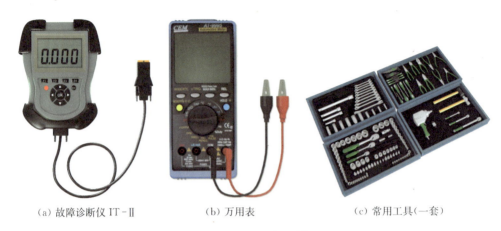

(a) 故障诊断仪 IT-Ⅱ　　　(b) 万用表　　　(c) 常用工具（一套）

图 6-30　设备器材

(3) 场地设施：消防设施的场地。

(4) 设备设施：2007 款卡罗拉轿车一辆、汽车电脑故障诊断仪一台、工具车、零件车、标保工具车、垃圾桶等。

(5) 耗材：干净抹布、泡沫清洗剂等。

（二）操作步骤

1. 检查燃油蒸发控制系统

(1) 起动发动机，断开真空软管，见图 6-31。

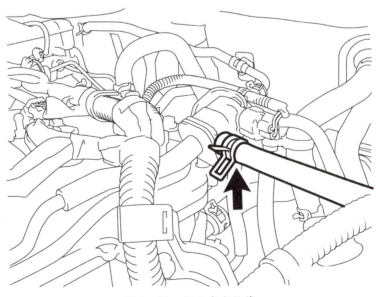

图 6-31　断开真空软管

(2) 将智能检测仪连接到诊断接口 DLC3。

(3) 选择以下菜单：Powertrain/Active Test/Activate the VSV for EVAP Control。

(4) 检查在 VSV 端口是否有真空吸力。若有吸力，表明 EVAP 系统正常；若无吸力，说明 EVAP 电磁阀故障或者 EVAP 电磁阀到进气管之间的真空管有泄漏。

(5) 退出主动测试模式，然后重新连接真空软管。

如果结果不符合规定，则进一步检查 VSV、线束或 ECM。

2. 检查 EVAP 电磁阀—进气管之间的真空管

检查 EVAP 电磁阀到进气管之间的真空管有无泄漏，若有泄漏，修复。

3. 检查 EVAP 电磁阀

(1) EVAP 电磁阀电阻检测。

拔下 EVAP 阀的连接器插头，检测 B19 的插座（见图 6-32）上"1"、"2"之间的电阻，检查插座上两个端子与搭铁之间的阻值，并将检测数据与标准数据进行比对。

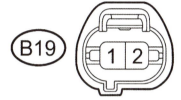

图 6-32　B19 插座端子

检查内容	检测仪连接	检测条件	标准状态
EVAP 电磁阀电阻	B19-1 与 B19-2	20℃	23 至 26 Ω
	B19-2 与车身搭铁	—	大于 10 MΩ

(2) EVAP 电磁阀工作情况检查。

用压缩空气从 EVAP 电磁阀的 E 口吹入，不通电时 F 口不应有空气流出；通电时，F 口应有空气流出。否则，更换 EVAP 电磁阀。见图 6-33。

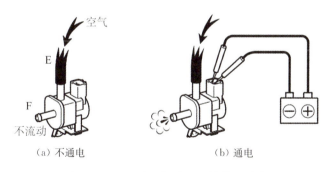

图 6-33　EVAP 电磁阀工作情况检查

4. 检查 EVAP 连接线路

(1) EVAP 阀电源检查。

拔下 EVAP 电磁阀插头，点火开关至"ON"，检测 B19 插头上"2"与搭铁之间的电压，记录测量值，并将测量值与标准数据进行比对，如不符合标准，检查 EVAP 阀供电电路。

(2) EVAP 阀与 ECU 之间线路检查。

检查内容	检测仪连接	检测条件	标准状态
EVAP 电磁阀电源	B19-2 与车身搭铁	点火开关 ON	9～14 V

拔下 ECU 上的 B31 连接器，检查 B19 插头上"1"到 B31 插头上"49"之间的电阻，并记录测量数值。见图 6-34。

将测量数值与标准数值进行比对，若不在标准范围内，则需要修复线路。

检查内容	检测仪连接	标准状态
EVAP 阀与 ECU 之间线路	B19-1 与 B31-49	小于 1 Ω

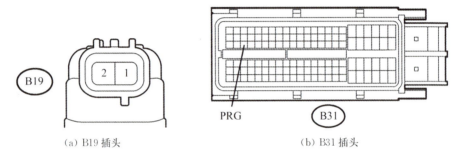

(a) B19 插头　　　　　　　(b) B31 插头

图 6-34　B19 插头和 B31 插头

1. 燃油蒸发控制系统功用和组成

燃油蒸发排放控制系统简称 EVAP，它能将燃油箱内的燃油蒸气暂时存储在活性炭罐中，并在合适的工况下经进气管吸入气缸内部烧掉，一方面避免了泄漏产生环境污染，另一方面还节约了燃油。EVAP 主要由活性炭罐、空气流量计、碳罐电磁阀、电子节气门、水温传感器、曲轴转速传感器、喷油器等部件组成。

2. 燃油蒸发控制系统原理

工作时，燃油蒸气通过单向阀进入活性炭罐，空气从碳罐上部进入清洗活性炭，受 ECU 控制的排放控制阀在怠速、低温、加速工况时关闭，中、高速工况时开启。

3. EVAP 检查包括以下步骤

（1）EVAP 系统检查；

（2）EVAP 阀到进气管间真空管检查；

（3）EVAP 阀检查；

（4）EVAP 电路检查。

（一）课堂练习

1. 判断题

（1）活性炭罐电磁阀控制信号的占空比与冷却液温度无关。（　　）

（2）ECU 控制 EVAP 电磁阀打开的条件为：发动机起动已超过规定的时间；冷却液温度高于规定值；怠速触点打开。（　　）

2. 单选题

（1）活性炭罐收取的燃油蒸气来自（　　）。

　　A．曲轴箱　　　　B．燃油箱　　　　C．排气管　　　　D．加油口

（2）碳罐一般有几个接口？（　　）。

　　A．1个　　　　　B．2个　　　　　C．3个　　　　　D．4个

（3）燃油箱被吸瘪，可能的原因是（　　）。

　　A．碳罐通气孔堵塞　B．EVAP 阀故障　　C．蒸汽管破损　　D．真空管破损

（4）下面哪个不是发动机曲轴箱强制通风系统的作用？（　　）。

　　A．防止机油变质　　　　　　　　　　B．防止机油变质

　　C．防止曲轴油封漏油　　　　　　　　D．减少 NO_x 排放

（二）技能评价

表 6-6　技能评价表

序号	内　　容	分值	得分
1	起动发动机，断开真空软管	5	
2	连接智能检测仪到 DLC3	5	
3	检查在 VSV 端口出现的真空	15	
4	重新连接真空软管	5	
5	EVAP 阀动态测试	15	
6	EVAP 阀到进气管间真空管检查	10	
7	EVAP 阀电阻检测	15	
8	EVAP 阀工作情况检查	10	
9	EVAP 阀电源检查	10	
10	EVAP 阀与 ECU 之间线路检查	10	
	总分	100	

（注：操作规范即得分，操作错误或未进行操作即 0 分）

学习任务 5　废气再循环系统检修

任务目标

任务目标
- 能够熟知废气再循环系统的功用。
- 能够正确叙述废气再循环系统的工作原理。
- 能够在 20 分钟内按照正确工艺流程完成对废气再循环系统的检修。

学习重点
- 废气再循环系统的工作原理及其检修的任务实施。

知识准备

1. 废气再循环系统(EGR)功用

发动机燃烧产生的有害成分 NO_x 是空气中的氮气与氧气在高温、富氧条件下形成的，燃烧温度越高、混合气越稀，排出的 NO_x 量越多。NO_x 的排放量与燃烧温度的关系如图 6-35 所示：

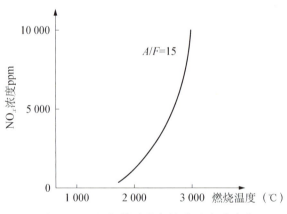

图 6-35　NO_x 排放量与燃烧温度的关系

由图可知，若能适当减低燃烧时的最高温度，就可以减少 NO_x 的排放量。

废气再循环系统(Exhaust Gas Recirculation)，简称"EGR"，是机外净化技术的一种，它将适量的废气引入气缸内参加燃烧,从而降低气缸内的最高温度,以减少 NO_x 的排放量。

为了保证发动机正常工作和性能不受过多影响,必须根据发动机工况的变化,控制废气再循环量。过量的废气将使发动机的燃烧状态恶化、动力性能和经济性下降。因此,废气再循化的量要严格控制,且在某些特殊工况下,需要关闭废气再循环系统。

通常用 EGR 率来表示废气再循环的量,是进入气缸的废气量占总进气量的百分比。如图 6-36 所示为 EGR 率与发动机性能的关系,一般情况下,EGR 率控制在 10%~20% 的范围内较为合适。

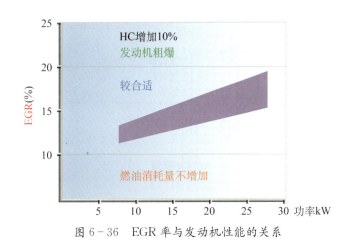

图 6-36　EGR 率与发动机性能的关系

2. 废气再循环系统分类

根据废气进入气缸是否通过发动机的进气系统,EGR 可分为:内部废气再循环和外部废气再循环。

按照废气再循环系统的控制方式,EGR 可分为:机械式和电子控制式。

机械式废气再循环系统控制精度低,在早期的车辆上应用较多,现在很少采用。电子控制式废气再循环系统又可以根据有无反馈环节分为开环控制式 EGR 和闭环控制式 EGR。

3. 废气再循环系统工作原理

开环控制式 EGR 中有 EGR 率可变式和 EGR 率不可变式两种类型,其主要由 EGR 阀、EGR 电磁阀组成,见图 6-37。现以开环控制式 EGR(EGR 率不变)为例,介绍废气再循环系统的工作原理。

(1) 发动机起动时。

起动时需要较浓的混合气,而此时进入气缸的混合气较少,若再使废气进入进气系统,则会使混合气更稀,起动更加困难,因此在起动时 ECU 关闭 EGR 电磁阀,EGR 阀膜片上方没有真空吸力,EGR 阀关闭废气再循环通道,废气再循环系统不工作。见图 6-38。

(2) 节气门开关接通时。

该发动机节气门上有两个开关:怠速开关和功率开关,分别反映怠速或大负荷工况。在怠速时,进入气缸的混合气较少,若此时废气进入气缸,则会使怠速时混合气不能正常燃烧,

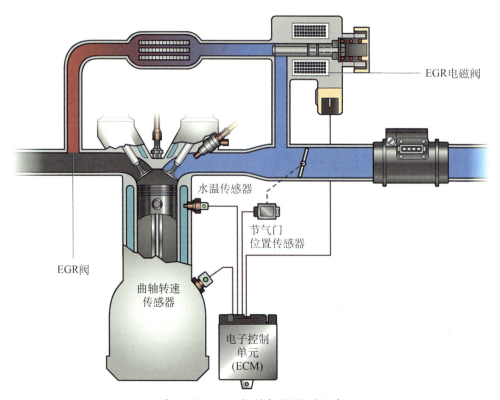

图 6-37 开环控制式 EGR 的组成

造成怠速抖动,严重时发动机熄火;在大负荷工况时,发动机需要大功率,此时废气再循环会减小发动机的最大输出功率。因此在节气门怠速开关和功率开关接通时,废气再循环系统停止工作。

(3) 发动机温度低时。

发动机温度低时需要加浓混合气,而废气再循环则会稀释混合气,造成燃烧室内的不正常燃烧,影响发动机的正常工作;另外发动机低温时,NO_x 排放量较少。因此在发动机温度低时,废气再循环系统不工作。

(4) 发动机转速低于 900 r/min 时。

当发动机转速低于 900 r/min 时,发动机达到最低稳定运转转速,若转速继续降低,则发动机会熄火,因此应停止废气再循环系统的工作。

(5) 发动机转速高于 3 200 r/min 时,发动机处于大负荷工况,需要输出大功率以满足工作需要,因此应停止废气再循环系统的工作,以增大发动机的输出功率。

(6) 除去上述各工况外,ECU 打开 EGR 电磁阀,节气门后方的真空度加到 EGR 阀膜片上方,膜片上移,打开废气再循环通道,废气进入进气管,废气再循环系统开始工作。该系统由于 EGR 阀膜片上方的真空度不能动态调节,因此,EGR 阀不能控制流进进气管内废气的量,因此 EGR 率保持一个固定值。

项目六 排放控制系统检修

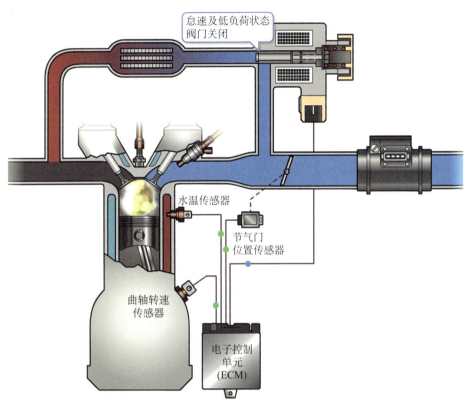

图6-38 EGR阀门关闭,废气再循环系统不工作

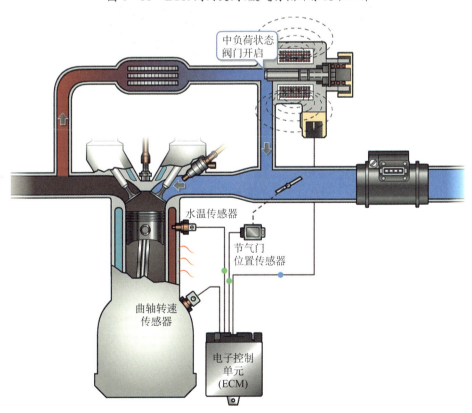

图6-39 EGR阀门打开,废气再循环系统工作

(一) 实施方案

1. 质量要求

参照厂家的质量标准要求。

2. 组织方式

每四位同学一组,查看 NISSAN 轿车 VG30 发动机上的废气再循环系统,每组作业时间为__20__分钟。

3. 作业准备

(1) 技术要求与标准:

废气再循环控制阀应按其固定的规律动作,若不能按其规律动作,则说明该系统工作不正常。

(2) 设备器材:万用表、常用工具一套(见图 6-40)。

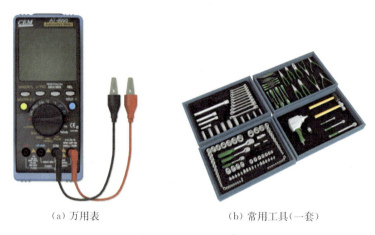

(a) 万用表　　　　(b) 常用工具(一套)

图 6-40　工具设备

(3) 场地设施:消防设施的场地。

(4) 设备设施:NISSAN 轿车一辆、工具车、零件车、标保工具车、垃圾桶等。

(5) 耗材:干净抹布、泡沫清洗剂等。

(二) 操作步骤

1. 废气再循环系统工作情况的检查

(1) 起动发动机,并以怠速运转。将手指按在废气再循环控制阀膜片上,检查 EGR 阀有无动作(见图 6-41)。怠速时 EGR 系统不工作,EGR 阀应无动作。

(2) 在冷车状态下踩下加速踏板,使发动机转

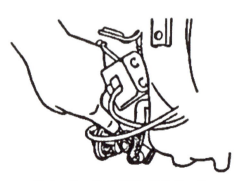

图 6-41　检查 EGR 阀是否工作

速上升到 2 000 r/min 左右,此时 EGR 阀应不开启,手指上应感觉不到膜片的动作。

（3）在发动机热车后（水温高于 50℃）,踩下加速踏板,使发动机转速上升到 2 000 r/min 左右,此时废气再循环控制阀应开启,手指应感觉到膜片的动作。

若废气再循环控制阀不能按上述规律动作,则说明该系统工作不正常。此时,应首先检查废气再循环系统的真空管路有无破裂、泄漏之处。若真空管路完好,则应检查该系统的 EGR 阀、EGR 电磁阀等零部件有无故障。

2. EGR 阀的检修

（1）使发动机怠速运转。

（2）拔下 EGR 阀上的真空管,用手动真空泵对 EGR 阀施加 19.95 kPa 的压力。见图 6-42。

此时,若发动机的转速明显降低,甚至熄火,则说明 EGR 阀工作正常；反之,若发动机转速无变化,说明 EGR 阀损坏,应更换。

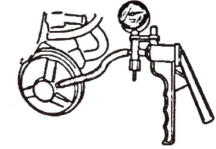

图 6-42 检查 EGR 阀

3. EGR 电磁阀的检修

（1）断开点火开关,拔下电磁阀的插接器,用万用表欧姆（Ω）挡测量电磁阀插孔上两端子间的电阻,电磁阀线圈正常时,其电阻值应符合标准,否则应更换 EGR 电磁阀。见图 6-43。

（2）用万用表欧姆（Ω）挡测量电磁阀插孔上两端子与阀壳间的电阻,正常时应不导通。否则应更换 EGR 电磁阀。

（3）拔下电磁阀的线束插接器及真空软管,拆下 EGR 电磁阀,将压缩空气从 B 口吹入。当电磁阀不通电时,A、B 之间应通气,A、C,B、C 之间应不通气；当电磁阀通电时,B～C 之间应通气,A、B,A、C 之间应不通气（备注：B 口接进气管；A 口接 EGR 阀；C 口通大气）。若不符合上述要求,则应更换 EGR 电磁阀。见图 6-44。

图 6-43 ERG 电磁阀静态检测

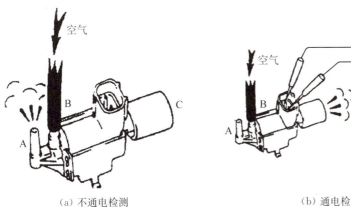

(a) 不通电检测　　　　(b) 通电检测

图 6-44 检测电磁阀

废气再循环系统(EGR)

废气再循环系统的功用是将适量的废气引入气缸内参加燃烧,从而降低气缸内的最高温度,以减少 NO_x 的排放量,用 EGR 率来表示废气再循环的量,是进入气缸的废气量占总进气量的百分比。一般情况下,EGR 率控制在 10%～20% 的范围内较为合适。

在发动机起动、节气门开关接通、发动机温度低、发动机转速低于 900 r/min 等情况下,废气再循环系统均处于不工作的状态;废气再循环系统工作时,由 ECU 打开 EGR 电磁阀,节气门后方的真空度加到 EGR 阀膜片上方,膜片上移,打开废气再循环通道,废气进入进气管。

废气再循环系统的检修过程应包括如下步骤:

(1) 废气再循环系统工作情况的检查;

(2) EGR 阀的检修;

(3) EGR 电磁阀的检修。

(一) 课堂练习

1. 判断题

(1) EGR 率可变式废气再循环系统又可根据有无反馈环节分为开环控制式 EGR 和闭环控制式 EGR 两种类型。(　　)

(2) 废气再循环系统主要是用以减少 NO_x 的排放量。(　　)

(3) 发动机起动时需要较浓的混合气,因此废气再循环系统应尽快投入工作。(　　)

2. 单选题

(1) EGR 率一般控制在(　　)的范围内较为合适。

　　A. 10%～15%

　　B. 15%～20%

　　C. 10%～20%

　　D. 15%～25%

(2) 以下哪种条件下,废气再循环系统应处于工作状态?(　　)。

　　A. 发动机高温、中负荷

　　B. 发动机起动时

　　C. 发动机转速为 500 r/min

　　D. 发动机转速为 3 400 r/min

（二）技能评价

表 6-7　技能评价表

序号	内　　容	分值	得分
1	发动机怠速运转时检查废气再循环系统工作情况	15	
2	检查废气再循环系统在冷车状态的工作情况	15	
3	检查废气再循环系统在发动机热车后的工作情况	15	
4	检修 EGR 阀	15	
5	测量电磁阀插孔上两端子间的电阻	10	
6	测量电磁阀插孔上两端子与阀壳间的电阻	10	
7	检查电磁阀通气情况	20	
	总分	100	

（注：操作规范即得分，操作错误或未进行操作即 0 分）

学习拓展

1. 氧化钛式氧传感器工作原理

氧化钛式氧传感器的工作原理与氧化锆式氧传感器的工作原理有很大的不同，它是利用多孔状导体 TiO_2 的导电性随排气中氧含量的变化而变化的特性制成的，故又称电阻性氧传感器。

在某个温度以上，废气与传感器中的二氧化钛元件直接接触，废气中的氧含量少，二氧化钛元件阻值变小；反之，废气中含氧量多，二氧化钛元件阻值则会变大。见图 6-45、

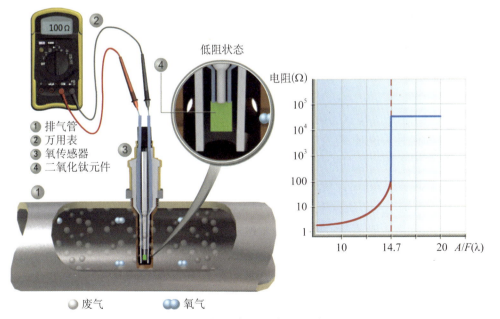

图 6-45　氧化钛式氧传感器工作原理（空燃比＜14.7）

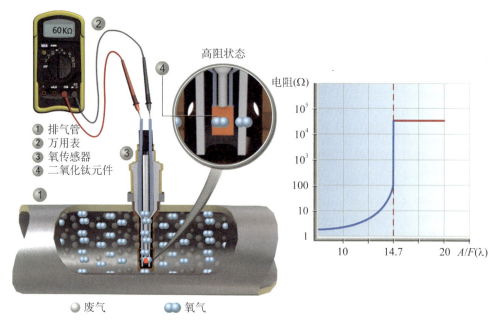

图 6-46 氧化钛式氧传感器工作原理(空燃比＞14.7)

6-46。

2. 三元催化器的养护方法

（1）不能使用含铅汽油。

因为含铅油燃烧后，铅颗粒随废气排经三元催化器时，会覆盖在催化剂表面，使催化剂作用面积减少，从而大大降低催化器的转化效率，导致三元催化器铅中毒。

（2）避免未燃烧的混合气进入催化器。

在车辆使用过程中要注意排除以下几种情况：怠速空转、点火时间过迟、个别缸失火不工作、起动困难、混合气过浓、发动机烧机油、氧传感器失效、散热不良造成的水温过高。

（3）行驶在不平整的道路时应特别注意不要"托底"。

因为三元催化器大多数内部都是陶瓷形成的催化剂承载体，碰撞后容易破碎，使催化器失效和排气管堵塞。

（4）出现不正常的工作状况应及时检查。

如回火或重复性失速时，应及时停车检查，因为这些状况可导致催化器永久性损坏。

（5）行驶着的车辆切勿切断点火开关。

（6）在车辆保养时做好对三元催化器的检查。

检查内容有：排气管有无异响；排气管有无开裂或外壳压扁之类的外观损坏；排气尾管有无催化剂颗粒排出。如果三元催化器外壳损坏或排气尾管排出颗粒，均需更换。

3. 燃油蒸发排放控制系统的分类

根据燃油蒸发控制系统能否检测系统泄漏可分为：非增强型和增强型。非增强型只能控制燃油蒸发的净化量，但不能检测系统是否存在泄漏；增强型系统既可以控制燃油蒸发的净化量量,又可以检测系统是否存在泄漏。

根据燃油蒸发控制系统的控制方式可分为：真空控制式、ECU 控制式。早期的车辆上普遍采用真空控制式,它利用节气门前方的真空度来控制燃油蒸气的净化量;现代轿车普遍采用 ECU 控制方式,它利用占空比型电磁阀控制燃油蒸气的净化量。

根据 EVAP 系统能否吸附加注燃油时产生的油气可分为：普通 EVAP 系统和具备车载燃油加注油气回收功能的 EVAP 系统。

项目七　汽油机电控系统常见故障诊断

项目导入

发动机内部系统的关键部分就是电控部分,它能够使得横向工作和纵向工作相互连接。但是,电控系统本身具有复杂性和层次性,控制功能上面较为集中,从而带来了表现状态的不稳定、不统一,如果出现加速时反映迟滞、加速不良、怠速不稳等故障现象,说明汽油机电控系统出现了故障,应及时检修。

本项目将简单介绍汽油机电控系统常见的四种故障,并对各故障检修方法进行介绍。

学习目标

素养目标
- 了解安全操作要求，养成安全文明操作的习惯。
- 养成组员之间互相协作的习惯。
- 实施操作结束后，清洁工具，并将工具设备归位，清洁场地。

技能目标
- 依据汽车维修操作要求，熟练规范地操作规范排除发动机综合故障并进行零部件更换。
- 能够对维修竣工的发动机进行测试，检查和评估发动机修复质量。

知识目标
- 能够根据故障现象制定正确的维修计划。
- 能够根据实际故障制定相应的故障诊断流程图。
- 能够根据维修计划，规范选择工具、检测仪器与设备。
- 能够正确记录、分析各种检测结果并做出故障判断。

学习任务

学习任务 1
◇ 发动机无法起动

学习任务 2
◇ 发动机起动困难

学习任务 3
◇ 发动机怠速不稳

学习任务 4
◇ 发动机加速不良

学习任务 1　发动机无法起动

任务目标

任务目标
- 能够掌握汽油发动机正常运行的三个基本条件。
- 能够根据实际情况,对发动机无法起动故障进行分析。
- 依据汽车维修操作要求,能够在 30 分钟内顺利完成对发动机无法起动故障的检修。

学习重点
- 发动机正常运行的三个基本条件。
- 发动机无法起动的故障诊断及排除流程。

知识准备

思考:汽车发动机需要具备什么条件才能起动成功?

汽油发动机能够正常运行需要满足以下三个基本条件:

(1) 充足的点火能量和准确的点火正时;

(2) 良好的空气燃油混合气;

(3) 足够的气缸压力。

1. 充足的点火能量和准确的点火正时

点火系统是发动机的重要组成部分,汽油机缸内的混合气由点火系统所产生的高压电火花点燃。点火系统的作用是将蓄电池或发电机提供的低压电变为高压电,按照发动机的工作顺序和点火时间的要求,适时、准确地将高压电分配给各缸火花塞,使之跳火,点燃可燃混合气。

发动机正常工作对点火系统也有一定的要求:

(1) 能产生足以击穿火花塞间隙的高压电:在点火系统中所产生的强烈电火花应产生于火花塞电极之间,以便于点燃空气燃油混合气。因为空气存在空气电阻,这个电阻随空气的高度压缩而增大,所以点火系统必须能产生几万伏的高电压以保证产生强烈火花去点燃空气燃油混合气。

（2）火花塞产生的电火花应具有足够的能量：一般要求电火花的点火能量为50～80 mJ，起动时应大于100 mJ。

（3）点火时刻要适当：点火系统必须始终根据发动机的转速和载荷的变化提供正确的点火正时，过早的点火和过迟的点火都不能在活塞顶部形成足够的气体压力。

2. 良好的空气燃油混合气

发动机工作时，燃料必须和吸进的空气成适当的比例，才能形成可以燃烧的混合气，这就是空燃比。空燃比是混合气中空气与燃料之间的质量比例，一般用每克燃料燃烧时所消耗的空气克数来表示。

每千克燃料完全燃烧所需最合适的空气克数叫做理论空燃比，对于汽油机而言，理论空燃比 A/F＝14.7。见图7-1。

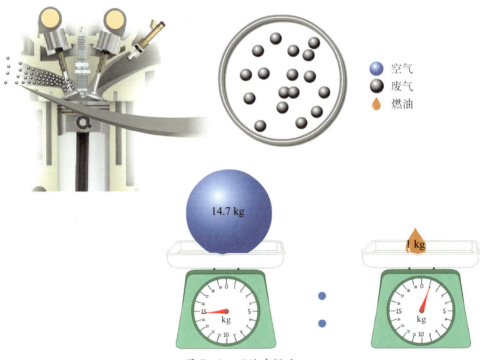

图7-1 理论空燃比

空燃比大于理论值的混合气叫做稀混合气，气多油少，燃烧完全，油耗低，污染小，但功率较小，称为经济空燃比。见图7-2。

空燃比小于理论值的混合气叫做浓混合气，气少油多，功率较大，但燃烧不完全，油耗高，污染大，称为功率空燃比。见图7-3。

3. 足够的气缸压力

不论是汽油发动机还是柴油发动机，能保持稳定且适当的压缩比才能使发动机的运转得以平顺和稳定。压缩比的定义就是发动机混合气体被压缩的程度，用压缩前的气缸总容积与压缩后的气缸容积（即燃烧室容积）之比来表示。见图7-4。

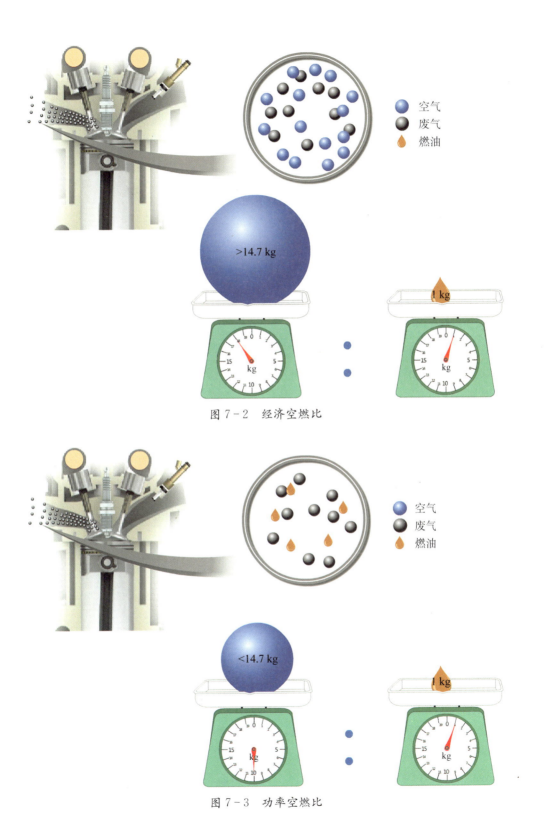

图 7-2 经济空燃比

图 7-3 功率空燃比

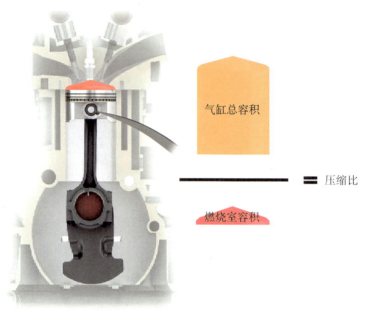

图 7-4 压缩比

当没压缩的空气燃油混合气被点燃时,燃油和空气的密度低,燃烧速度慢。而当被压缩的空气燃油混合气被点燃时,高密度引起混合气突然燃烧(爆发)。即使是同样的燃油混合气,压缩的混合气点燃后会比没压缩的混合气释放出更大的功率。此外,压缩的空气燃油混合气会使空气与燃油的混合更为彻底,点火时汽油产生更高的汽化率和更高的温度。压缩的空气燃油混合气比不压缩的更容易燃烧。

通常,压缩压力越高,爆发压力越大。不过,压缩压力太高,就会产生爆燃。因此,汽油发动机的压缩比通常设计在 9 至 11 之间。

4. 故障分析

汽车在使用的过程中,发动机无法起动的情况时有发生,主要表现为以下两种情况:

(1) 发动机不运转。

起动发动机时,发动机没有转动,起动机无转动声响,或只会听见"咔嗒"一声,或起动时发出起动机空转声。

(2) 发动机运转,但无法起动。

起动发动机时,起动机能带动发动机轻快转动,但无初始燃烧,无排气声,无起动征兆。

本任务以第二种故障类型为例,介绍发动机无法起动故障的检修步骤。根据发动机正常工作的条件可知,造成第二种故障的原因可能是:点火系统故障、燃油供给系统及进气系统故障、气缸压力过低。前两者属于发动机电子控制系统故障,后者是发动机机械系统故障。

① 发动机电子控制系统故障分析。

控制部分主要装置是传感器。影响发动机起动的传感器,主要为影响点火系统点火的曲轴位置传感器、凸轮轴位置传感器。

曲轴位置传感器采集曲轴位置信号,输入到 ECU,用以确定点火时刻和喷油时刻。如果传感器出现故障,ECU将因为没有参考信息而无法作出计算和判断,也无法指挥点火线圈工作。

凸轮轴位置传感器是点火控制的主控信号。凸轮轴位置传感器采集凸轮轴位置信号,输入ECU作为判缸信号,从而控制喷油顺序和点火时刻等。

② 点火系统故障分析。

点火系统故障导致发动机不能起动的主要原因是点火系统不能点火。所以诊断故障时,首先检查高压线是否有火花,确认点火系统是否故障。

造成点火无火花故障的原因通常有:火花塞故障、点火线圈故障、点火控制线路连接不良、曲轴位置传感器或凸轮轴位置传感器故障。点火系最容易损坏的零件是火花塞,应重点检查。传感器故障需要使用诊断仪读取故障码,根据故障码排除相应故障。

③ 供给系统故障分析。

供给系统中的燃油系统和进排气系统,为发动机提供基本的动力原料。供给系统正常工作是保证发动机良好运行的关键。燃油系统不供油和进气系统不供气,均会造成发动机无法起动。

燃油系统故障主要是燃油系统无油压。故障原因可能是:油箱中无油;电动燃油泵故障;喷油器故障。

进排气系统故障主要是进排气管路堵塞。如果空气滤清器堵塞严重,则会造成发动机无法起动。同样,排气不畅也会造成发动机无法起动。

④ 气缸压力过低故障分析。

气缸压力低应从密封和正时两个方面考虑。

气缸内,活塞、气门、气缸盖共同组成燃烧室,保证气缸的密封性。如果活塞环折断或磨损严重,气门损坏或有积碳,气缸盖变形和气缸垫破损,均会造成气缸密封不良。

配气正时就是进、排气门的实际开闭时刻。在活塞运动到一定位置时,进排气门不能正常打开或关闭,就会造成气缸压力低,或无压力使发动机功率下降,甚至不能起动。

基于以上分析,总结出引起发动机无法起动的各系统故障原因分析图和故障排除流程图:

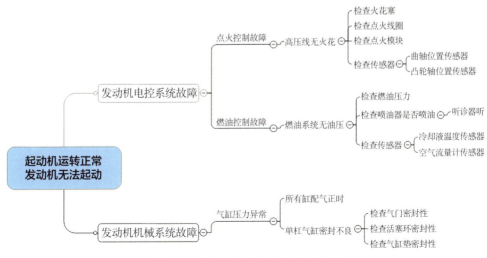

图7-5 发动机无法起动故障分析图

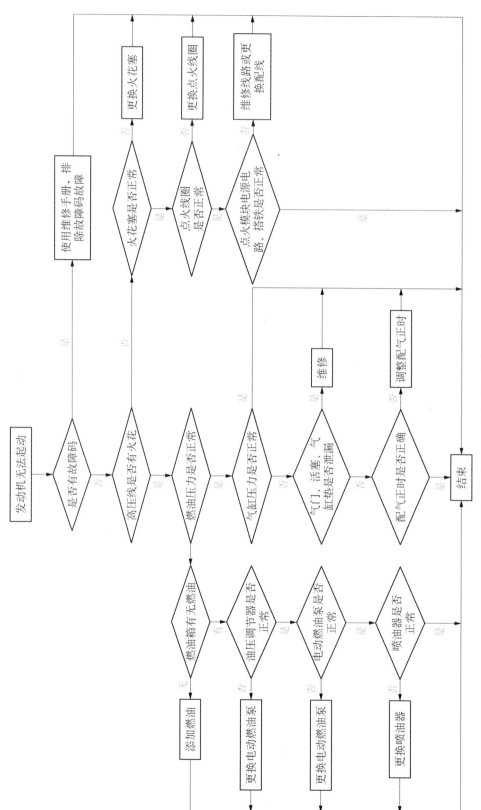

图 7-6 发动机无法起动故障排除流程图

（一）实施方案

1. 任务描述

一辆 2007 款卡罗拉，行驶里程 5.6 万 km。车主在起动车辆时，发现汽车起动机运转正常，发动机无法起动，无着车征兆。进入 4S 店，经维修技师检查，发现点火系统故障，请你制定故障排除流程后排除故障。

2. 组织方式

每四位同学一组，每组作业时间为 __30__ 分钟。

3. 作业准备

（1）技术要求与标准（见表 7-1）。

表 7-1 技术要求与标准

检测内容	检测端子	检测条件	标准值
点火线圈电压	B26-1(+B) 与 B26-4(GND)	点火开关 ON	9 至 14 V
	B27-1(+B) 与 B27-4(GND)		
	B28-1(+B) 与 B28-4(GND)		
	B29-1(+B) 与 B29-4(GND)		
曲轴位置传感器电阻	1~2	20℃	1 630～2 740 Ω
ECM 连接器电阻	B13-1 与 B31-122(NE+)	始终	小于 1 Ω
	B13-2 与 B31-121(NE−)		
	B13-1(NE+) 与车身搭铁		10 kΩ 或更大
	B13-2(NE−) 与车身搭铁		

（2）设备器材：故障诊断仪、万用表、常用工具一套（见图 7-7）。

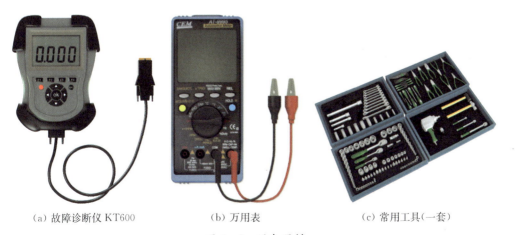

(a) 故障诊断仪 KT600　　(b) 万用表　　(c) 常用工具（一套）

图 7-7 设备器材

(3)场地设施:消防设施的场地。

(4)设备设施:2007款卡罗拉1.6AT车、汽车电脑故障诊断仪一台、工具车、零件车、标保工具车、垃圾桶等。

(5)耗材:干净抹布、泡沫清洗剂等。

(二)操作步骤

1. 制定故障排除流程

根据任务描述,可知故障发生在点火系统,参考"知识准备"中的分析和发动机故障排除流程图得出本次任务故障排除流程。

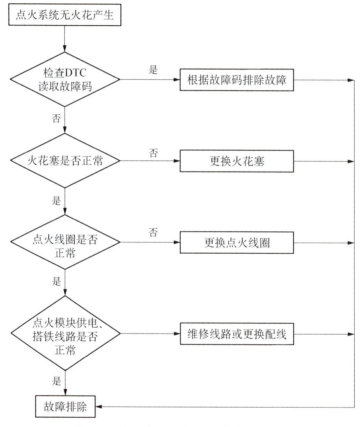

图7-8 发动机无法起动故障排除流程图

2. 按照流程图排除故障

(1)高压试火实验。

① 拆卸点火线圈和火花塞;

② 断开喷油器连接器;

③ 将火花塞安装到各点火线圈上,并连接点火线圈连接器;

④ 将火花塞搭铁；
⑤ 检查发动机转动过程中是否出现火花，见图7-9。

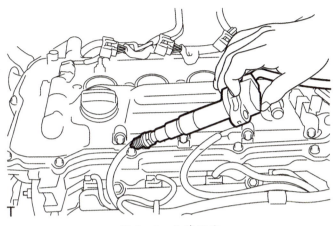

图7-9 火花测试

◇ 务必断开所有的喷油器连接器。

（2）读取故障码。
使用智能检测仪读取故障代码，如有故障码，则按照维修手册排除故障。
（3）检查火花塞。
（4）检查点火线圈。
（5）检查点火模块。

3. 任务检查
路试检查发动机是否正常运转、车辆驾驶是否正常。

任务小结

1. 发动机无法起动
汽油发动机正常运行的三个基本条件是：充足的点火能量和准确的点火正时；良好的空气燃油混合气；足够的气缸压力。

当出现发动机正常运转却无法起动时，故障检修步骤如下：
（1）检查是否有火花；
（2）读取故障码；
（3）检查点火线圈电路；
（4）检查曲轴位置传感器及其信号；

(5) 检查来自 ECM 的点火触发信号(IGT)；

(6) 任务检查。

（一）课堂练习

1. 判断题

(1) 点火系统必须始终根据发动机的转速和载荷的变化提供正确的点火正时。（   ）

(2) 经济空燃比指的是空燃比大于理论值,气多油少,燃烧完全,油耗低,污染大,功率较小。
（   ）

2. 单选题

(1) 电火花的点火能量一般为 50～80 mJ,起动时大约为(   )mJ。

  A．80　　　　　　B．90　　　　　　C．100　　　　　　D．110

(2) 汽油发动机的压缩比通常设计在(   )之间。

  A．8 至 10　　　　B．9 至 10　　　　C．8 至 11　　　　D．9 至 11

（二）技能测评

表 7-2 技能评价表

序号	内容	分值	得分
1	检查是否有火花	20	
2	读取故障码	10	
3	检查点火线圈电路	20	
4	检查曲轴位置传感器及其信号	25	
5	检查来自 ECM 的点火触发信号	25	
	总分	100	

（注：操作正确即得分,操作错误或未进行操作即 0 分）

学习任务 2　发动机起动困难

任务目标

任务目标
- 能够概括发动机冷车起动困难的故障原因。
- 能够概括发动机热车起动困难的故障原因。
- 依据汽车维修操作要求，能够在 30 分钟内顺利完成对发动机冷车起动困难故障的检修。

学习重点
- 发动机冷车起动困难故障检修的任务实施。

知识准备

在汽车起动过程中，可能会出现需要经过多次起动才能着火，或者起动有时容易、有时困难，可归结为以下两种情况：

1. 冷车起动困难

在长时间停车后，发动机温度恢复到环境温度时，起动机能带发动机按正常转速转动，有起动征兆，但不能起动，或需要连续多次起动或长时间转动发动机才能起动。在天气寒冷时，这种现象表现得更加明显。

2. 热车起动困难

在冷车的状态下汽车起动正常，但是热车熄火后，再次起动发动机，有时会出现无法起动或需要连续多次起动或长时间转动发动机才能起动。

发动机起动困难时，最常见的原因是混合气过稀。如果进气系统供气不足或燃油系统供油不足，均会引起发动机起动困难。传感器故障或气缸压力偏低也会造成发动机起动困难。归纳故障原因可能是：进排气系统故障、燃油系统故障、控制部分故障、点火系统故障、机械部分故障。

（1）进排气系统故障分析。

进排气系统故障引起的发动机起动困难主要是进排气系统脏堵。进排气系统脏堵主要有进气道堵塞、节气门体脏堵、空气滤清器脏堵，或者节气门后方进气管路漏气等情况。

(2) 燃油系统故障分析。

燃油系统故障引起的发动机起动困难,原因主要为:燃油压力偏低。燃油系统中的喷油器故障、燃油压力调节器故障、燃油滤清器故障、燃油泵故障、燃油管路故障等均会引起燃油压力偏低。

(3) 控制部分故障分析。

控制部分主要是传感器故障,主要检查方法是使用汽车智能诊断仪读取故障码和数据流,根据故障码和数据流确认并排除故障。会引起发动机起动困难的传感器有:质量空气流量计、冷却液温度传感器、节气门位置传感器、进气温度传感器。

(4) 点火系统故障分析。

发动机起动困难时,确认点火系统是否有故障,首先是高压试火,如果火花弱,说明点火系统有故障,故障原因主要有:火花塞老化严重、高压线漏电、点火正时失准等。

(5) 机械部分故障分析。

机械部分故障主要是气缸密封性不良,造成气缸压力偏低。

基于以上分析,总结出引起发动机无法起动的各系统故障原因分析图和故障排除流程图:

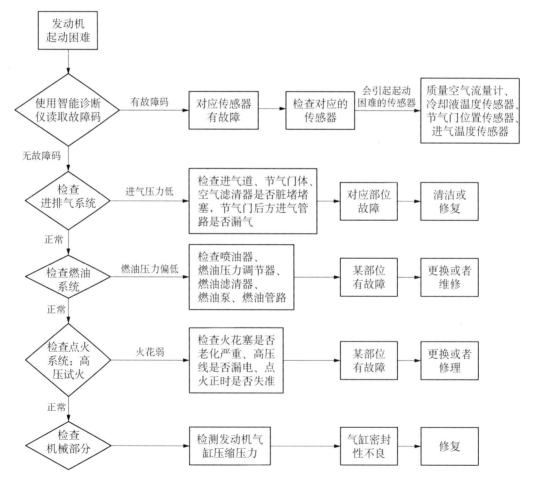

图 7-10 发动机起动困难故障分析

造成发动机热车起动困难的原因可能有：冷却液温度传感器损坏、喷油器失效、点火模块损坏或空气流量计胶管密封不好等。

造成发动机冷车起动困难的原因可能有：喷油器堵塞、冷却液温度传感器传递信号错误、怠速步进电动机有故障、油压调节器故障或空气流量计故障等。本任务以发动机冷车起动困难为例，讲解发动机起动困难故障排除流程和方法。

（一）实施方案

1. 质量要求

一辆 2007 款卡罗拉 1.6AT 车，行驶里程 8 万公里。据用户反映该车起动不正常，有时可以正常起动，有时需要起动多次才能成功。请你制定故障排除流程后排除故障。

2. 组织方式

每四位同学一组，对卡罗拉车发动机起动困难故障进行检修，每组作业时间为 __30__ 分钟。

3. 作业准备

（1）技术要求与标准（见表 7-3）。

表 7-3 技术要求与标准

检测内容	检查端子	检测条件	标准值
喷油器电阻	1～2	20℃	11.6 至 12.4 Ω
喷油器电源电压	B9-1 与车身搭铁	点火开关 ON	9 至 14 V
ECM 电阻	B9-2 与 B31-108(10#)	始终	小于 1 Ω
	B9-2 与车身搭铁	始终	10 kΩ 或更大

（2）设备器材：故障诊断仪、万用表、常用工具一套（见图 7-11）。

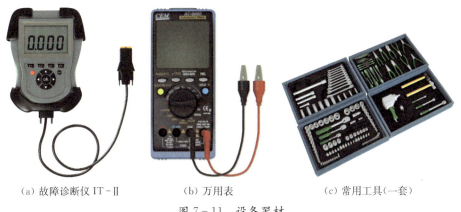

(a) 故障诊断仪 IT-Ⅱ　　(b) 万用表　　(c) 常用工具（一套）

图 7-11　设备器材

(3) 场地设施：消防设施的场地。

(4) 设备设施：2007款卡罗拉轿车一辆、喷油器与燃油管路专用连接器一台、工具车、零件车、标保工具车、垃圾桶等。

(5) 耗材：干净抹布、泡沫清洗剂等。

(二) 操作步骤

1. 制定故障排除流程

根据任务描述，可知故障发生在燃油供给系统或进气系统等，参考知识准备中的分析和发动机故障排除流程图得出本次任务故障排除流程。

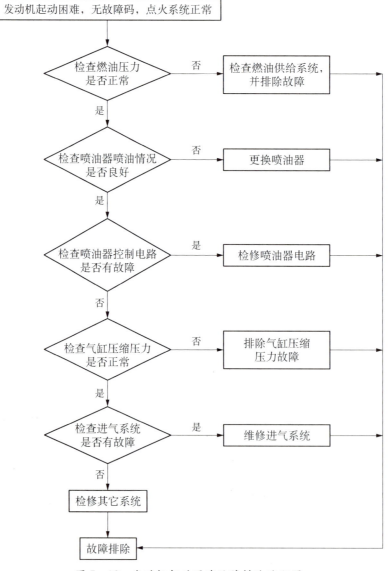

图7-12 发动机起动困难故障排除流程图

2. 按照流程图排除故障

(1) 检查燃油压力。

检查燃油压力,燃油压力符合标准。

(2) 检查喷油器喷油情况。

① 拆卸喷油器。

② 检查喷油器总成。

a. 检查电阻,使用万用表测量喷油器电磁线圈阻值;

b. 检查喷油器工作情况。

使用专用连接器连接喷油器与燃油管路,将喷油器总成放置在量筒中,操作燃油泵,并使用专用连接器接通蓄电池与喷油器端子。各喷油器在通电 15 s 的条件下喷油量应达到 60 至 73 cm^3,各喷油器间的差别小于 13 cm^3。对各喷油器测试 2 到 3 次,如果不符合上述规定,则更换相应喷油器总成。

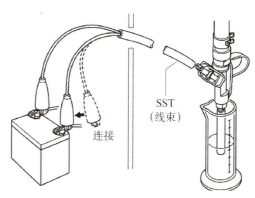

图 7-13 测试喷油器

③ 安装喷油器。

(3) 检查喷油器电路。

① 检查喷油器电源电路。

② 检查喷油器总成至 ECM 线束和连接器。

如检查喷油器及其控制电路均无问题,则检查气缸压力及其他系统。

(4) 检查气缸压缩压力是否正常。

(5) 检查进气系统是否有故障。

3. 任务检查

起动车辆,检查发动机是否能正常起动,车辆驾驶是否正常。

 任务小结

1. 发动机起动困难

发动机起动困难可归结为两种情况:冷车起动困难和热车起动困难。造成发动机热车起动困难的原因可能有:冷却液温度传感器损坏、喷油器插头装反、点火模块损坏或空气流量计胶管密封不好等。造成发动机冷车起动困难的原因可能有:喷油器堵塞、冷却液温度传感器传递信号错误、怠速步进电动机有故障、油压调节器故障或空气流量计故障等。

发动机冷车起动困难的检修步骤如下:

(1) 检查燃油压力;

(2) 检查喷油器喷油情况;

(3) 检查喷油器电路;

(4) 检查气缸压缩压力;
(5) 检查进气系统;
(6) 任务检查。

（一）课堂练习

1. 判断题

(1) 进气系统故障不可能导致汽车出现发动机起动困难的。(　　)
(2) 空燃比大于理论空燃比时容易导致汽车出现发动机起动困难的故障。(　　)

2. 单选题

(1) 以下选项中,不可能造成发动机起动困难故障的是(　　)。
　　A. 冷却液温度传感器故障　　B. 压缩压力异常
　　C. 凸轮轴位置传感器故障　　D. 进气系统故障
(2) 造成发动机冷车起动困难的原因可能是(　　)。
　　A. 点火能量异常　　B. 气缸压力偏高
　　C. 点火线圈过热　　D. 燃烧室积炭过多

（二）技能测评

表 7-4 技能评价表

序号	内　　容	分值	得分
1	检查燃油压力	15	
2	拆卸喷油器	10	
3	检查喷油器总成	25	
4	安装喷油器	10	
5	检查喷油器电源电路	20	
6	检查喷油器总成至 ECM 线束和连接器	20	
	总分	100	

(注:操作规范即得分,操作错误或未进行操作即 0 分)

学习任务 3　发动机怠速不稳

任务目标

任务目标
- 能够根据故障现象判断故障是否为发动机怠速不稳故障。
- 能够概括导致发动机怠速不稳的故障原因。
- 依据汽车维修操作要求，规范、熟练地在30分钟内顺利完成对发动机怠速不稳故障的检修。

学习重点
- 发动机怠速不稳故障检修的任务实施。

知识准备

发动机怠速不稳的故障原因可能是多方面、多系统、多因素的，诊断与检测是难度较大的工作，轻易换件的方法是不可取的，应根据检测结果、数据分析、维修经验做出正确判断。怠速不稳的原因主要有：发动机电子控制系统故障、进气系统故障、燃油系统故障、点火系统故障、发动机机械故障等。

1. 电子控制系统故障引起的怠速不稳

电子控制系统故障主要是传感器和执行器的故障，ECU故障几率很小，不考虑在内。

（1）传感器故障。

传感器故障主要有冷却液温度传感器、空气流量传感器、进气温度传感器、氧传感器等故障，ECU接收错误的传感器信号，并输出错误指令至执行元件，造成怠速不稳。

判断传感器是否故障时，可观察仪表盘上的故障指示灯是否亮起。如果故障指示灯点亮，则需要使用故障诊断仪读取故障码并检测故障。

（2）执行器故障。

执行器主要有怠速控制装置、EGR阀、碳罐电磁阀等，阀的脏堵导致怠速空气控制不准确，出现怠速不稳甚至熄火现象。

发动机怠速不稳常见原因举例

执行器故障,一般先检查是否漏气或脏堵,必要时更换。

2. 供给系统引起的怠速不稳

供给系统主要故障在油路和气路。燃油系统主要是燃油压力故障。进气系统主要是进气系统管路泄漏。

(1) 燃油系统压力故障。

常见原因有:燃油泄漏、燃油压力调节器不良、燃油滤清器堵塞、喷油器雾化不良等。

(2) 进气系统管路故障。

进气系统管路泄漏,主要是指节气门体脏漏,排气不良。EGR阀、真空软管、PCV软管破损漏气或接口脱落及连接错误,进气歧管破损或歧管垫漏气,空气滤清器堵塞等。

3. 点火系统引起的怠速不稳

点火系统中,单缸失火或单缸点火不良均能引起发动机怠速不稳。常见原因有:火花塞电极烧蚀或有积碳。

4. 机械部分引起的怠速不稳

机械部分故障主要是气缸密封性不良,造成气缸压力偏低。正时链条故障也会造成发动机怠速不稳。

基于以上分析,总结出引起发动机无法起动的各系统故障原因分析图和故障排除流程图:

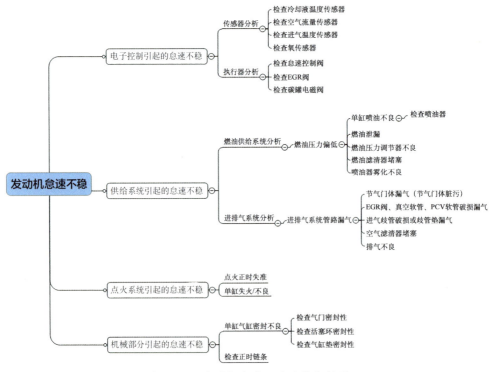

图 7-14 发动机怠速不稳故障分析图

针对发动机怠速不稳故障,制定诊断流程如下:

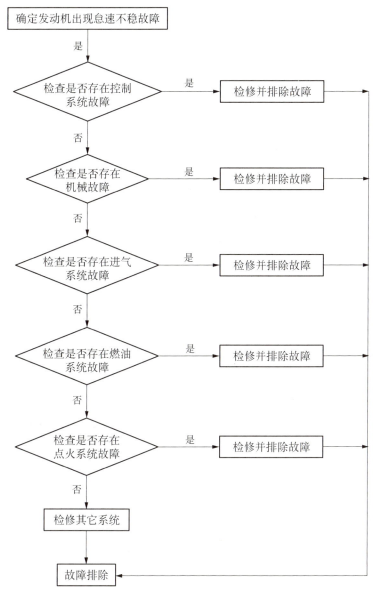

图 7-15 发动机怠速不稳故障排除流程图

(一) 实施方案

1. 任务描述

一辆 2007 款卡罗拉 1.6AT 车,行驶里程 11 万 km。热车后怠速转速为 1 000 rpm,而车辆正常怠速转速为 650～700 rpm，诊断为怠速转速偏高故障，请你制定故障排除流程后排除故障。

2. 组织方式

每四位同学一组，每组作业时间为 __30__ 分钟。

3. 作业准备

（1）技术要求与标准（见表 7-5）。

表 7-5 技术要求与标准

检测内容	检测端子	检测条件	标准值
气门座宽度	—	—	1.0～1.4 mm
火花塞电极间隙	—	—	1.0～1.1 mm
活塞直径	—	—	80.461 mm～80.471 mm
氧传感器电源电压	B24-2(+B)与车身搭铁	点火开关 ON	9～14 V
氧传感器加热器电阻	B24-1(HT1B)-B24-2(+B)	20℃	11～16 Ω

（2）设备器材：故障诊断仪、万用表、常用工具一套（见图 7-16）。

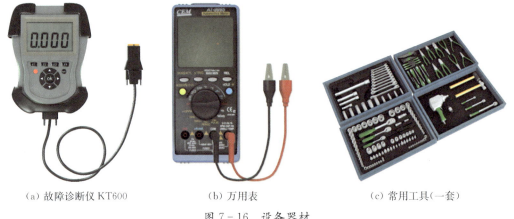

(a) 故障诊断仪 KT600　　(b) 万用表　　(c) 常用工具（一套）

图 7-16 设备器材

（3）场地设施：消防设施的场地。

（4）设备设施：2007 款卡罗拉轿车一辆、汽车电脑故障诊断仪一台、示波器一台、工具车、零件车、标保工具车、垃圾桶等。

（5）耗材：干净抹布、泡沫清洗剂等。

（二）操作步骤

1. 制定故障排除流程

参考"知识准备"中的分析和发动机怠速不稳故障排除流程图得出本次活动故障排除流程。

项目七 汽油机电控系统常见故障诊断

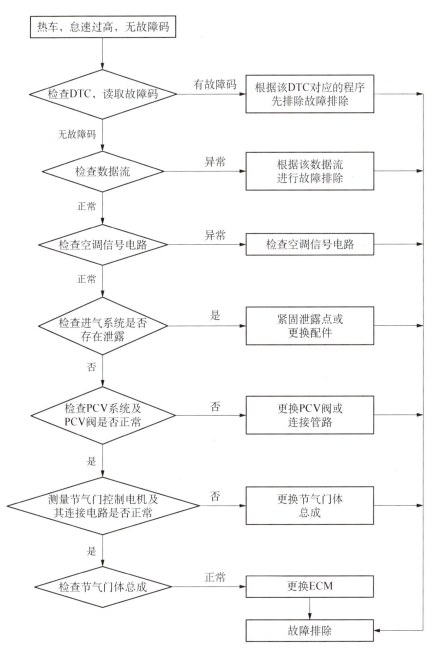

图 7-17 发动机怠速过高故障排除流程图

2. 实施作业

（1）确认故障及读取数据流。

将智能检测仪连接到 DLC3，读取故障码，系统无故障码。进入数据流，分别检查冷却液温度传感器信号、加速踏板位置传感器信号、节气门位置传感器信号及节气门控制电机。

(2) 检查空调信号。

起动发动机,打开 A/C 开关,将空调温度调节至最冷,风速调节至最高,检查空调相关数据流,如果数据流正常,说明空调信号正常,关闭空调系统。

(3) 检查发动机进气系统是否存在泄漏。

打开发动机舱盖,铺设翼子板布、前格栅布,检查进气系统各位置是否存在有漏气。

(4) 检查 PCV 系统。

检查 PCV 软管连接是否正确或损坏,检查 PCV 阀是否正常工作。

(5) 检查节气门控制电机。

① 关闭点火开关,断开节气门体总成连接器;

② 将表笔分别连接到节气门体的 1(M−)和 2(M+)端子上,观察检测值并记录数据,如图 7-18 所示;

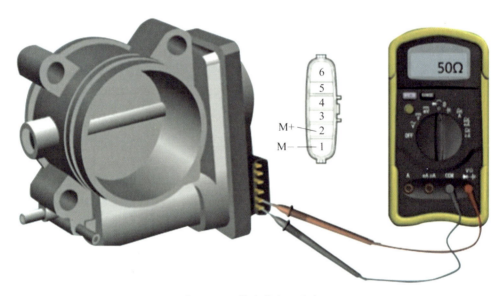

图 7-18 检查节气门电机

③ 将测量结果与维修手册进行对比,20℃时,节气门控制电机标准电阻值为 0.3~100 Ω,如果不符合规定值,则更换节气门体。

(6) 检查节气门控制电机连接电路。

(7) 检查节气门体总成。

检查节气门体外观有无损坏、裂缝;检查节气门衬垫有无老化破损;检查节气门内腔有无脏堵、破损、刮痕等;检查节气门翻板有无变形、缺损等;检查节气门轴有无松动、卡滞现象。

如果检查结果异常,则更换节气门体总成。

3. 任务检查

起动发动机,让车辆热车,反复加减油门数次,检查系统怠速是否正常。

1. 发动机怠速不稳

怠速不稳是发动机维修中遇到最多的故障，引起发动机怠速不稳的故障主要有以下几个方面的原因：发动机电子控制系统故障、进气系统故障、燃油系统故障、点火系统故障、发动机机械故障等。进行发动机怠速不稳故障检修应包括如下步骤：

（1）检查机械故障；

（2）检查进气系统故障；

（3）检查燃油系统故障；

（4）检查点火系统故障；

（5）检查控制部分故障。

（一）课堂练习

1. 判断题

（1）发动机怠速不稳的故障现象是中、高速运转良好，但松开加速踏板，发动机就熄火。（   ）

（2）怠速不稳的特征是怠速时发动机抖动，发动机转速表上下快速抖动。（   ）

（3）怠速不稳故障和真空部分漏气无关。（   ）

2. 单选题

（1）某车不开空调怠速正常，打开空调开关，怠速明显下降并熄火，应（   ）。

　　A．检测是否缺火　　　　　　　　B．检测节气门体是否积碳

　　C．检测喷油器　　　　　　　　　D．检测怠速控制机构

（2）怠速不稳的故障原因有混合气过浓或过稀、缺缸、点火能量不足以及（   ）等。

　　A．喷油器工作不良　　　　　　　B．喷油器都不工作

　　C．无点火信号　　　　　　　　　D．ECU 不工作

（二）技能测评

表 7-6　技能评价表

序号	内　　容	分值	得分
1	检查机械故障	20	
2	检查进气系统故障	20	

续 表

序号	内　　容	分值	得分
3	检查燃油系统故障	20	
4	检查点火系统故障	20	
5	检查控制部分故障	20	
	总分	100	

（注：操作规范即得分，操作错误或未进行操作即0分）

学习任务 4　发动机加速不良

任务目标

任务目标
- 能够根据故障现象判断故障是否为发动机加速不良故障。
- 能够概括导致发动机加速不良的故障原因。
- 依据汽车维修操作要求,规范、熟练地在 30 分钟内顺利完成对发动机加速不良故障的检修。

学习重点
- 发动机加速不良故障检修的任务实施。

知识准备

汽车加速时,需要的油、气都要增多,如果供油和供气不足,必然会引起加速不良。汽车加速不良指的就是发动机加不上油,其故障表现为:踩下加速踏板后,发动机转速不能马上升高,有迟滞现象,加速反应迟缓,或在加速过程中发动机转速有轻微的波动,或出现"回火"、"放炮"等现象。

汽车出现加速不良故障时,可能存在的发动机故障有:发动机机械系统故障、供给系统故障、点火系统故障、控制系统故障等。

1. 发动机机械系统故障

机械部分故障造成发动机加速不良的主要原因是气缸压力低。由于部分车辆使用时间较长,气缸、活塞和活塞环磨损使其配合间隙过大而造成气缸压力偏低,气缸压力偏低则会引起加速不良。

2. 燃油供给系统故障

供给系统中最常见的故障是进气管漏气和喷油器故障。由于进气管漏气量多,空气流量传感器检测到的进气量少,从而传给 ECU 的信号是进气量少,ECU 得到信号后控制喷油器的喷油量减少,但是,实质是发动机的进气量大,从而会造成因混合气过稀而使发动机动力不足,加速不良现象。空气滤清器脏堵和节气门体积碳也会造成供气不足。喷油器脏堵引起单缸喷油不良也会造成加速不良。

3. 点火系统故障

点火系统工作不良会导致发动机动力不足，点火不良有两方面原因：一是气缸缺火或火弱；二是点火正时不当，需要检查点火正时。

4. 控制系统故障

控制系统故障主要指的是加速踏板位置传感器故障和节气门位置传感器故障。

节气门位置传感器由节气门轴驱动，用于检测节气门的开度大小和开关的快慢，并将其转换为电信号传给ECU，作为ECU判定发动机运转工况、调整喷油量和喷油正时的依据。如果是可变电阻式传感器，则可能出现触点磨损、电阻片断裂等故障；如果是霍尔式传感器，则可能出现霍尔元件破损、电磁线圈短路或断路等故障。

加速踏板位置传感器用于检测驾驶员踩下油门的深度位置，安装在驾驶室内。加速踏板的位置不同时，该传感器所反应给ECU的电阻信号也不同，当加速踏板位置传感器出现故障时，其传递给ECU的电阻信号就有可能有误，进而导致汽车行驶故障。

基于以上分析，总结出引起发动机无法起动的各系统故障原因分析图和故障排除流程图：

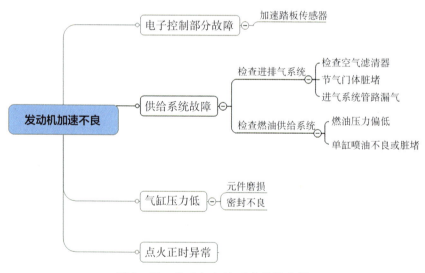

图7-19 发动机加速不良故障分析

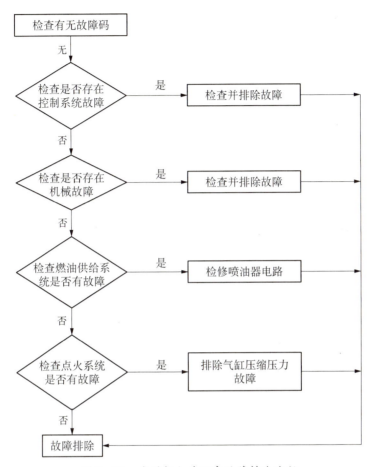

图 7-20　发动机加速不良故障排除流程

（一）实施方案

1. 任务描述

一辆 2007 款卡罗拉 1.6AT 车，行驶里程 13 万 km。汽车行驶过程中，踩下加速踏板，汽车发动机转速不能马上提高，有迟滞现象，请你制定故障诊断流程后排除故障。

2. 组织方式

每四位同学一组，每组作业时间为　30　分钟。

3. 作业准备

（1）技术要求与标准（见表 7-7）。

表7-7 技术要求与标准

检测内容	检测端子	检测条件	标准值
火花塞电极间隙	—	—	1.0～1.1 mm
活塞直径	—	—	80.461 mm～80.471 mm
氧传感器电源电压	B24-2(+B)与车身搭铁	点火开关ON	9～14 V
氧传感器加热器电阻	B24-1(HT1B)-B24-2(+B)	20℃	11～16 Ω

(2) 设备器材：故障诊断仪、万用表、点火正时灯、常用工具一套(见图7-21)。

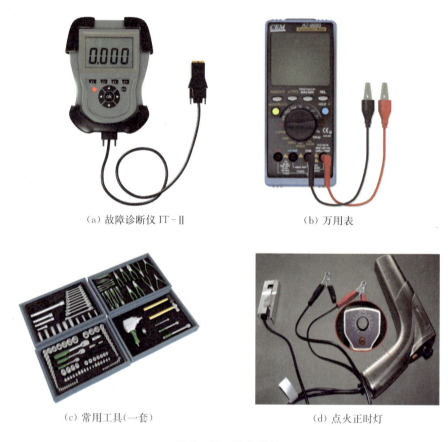

(a) 故障诊断仪 IT-Ⅱ　　(b) 万用表

(c) 常用工具(一套)　　(d) 点火正时灯

图7-21 设备器材

(3) 场地设施：消防设施的场地。

(4) 设备设施：2007款卡罗拉轿车一辆、汽车电脑故障诊断仪一台、工具车、零件车、标保工具车、垃圾桶等。

(5) 耗材：干净抹布、泡沫清洗剂等。

（二）操作步骤

1. 检查控制部分故障

（1）读取故障码。

（2）检查氧传感器。

① 拆卸氧传感器。

② 检测氧传感器。

③ 安装新氧传感器。

2. 检查机械故障

检测气缸压力。

3. 检查燃油系统故障

（1）检查燃油压力。

（2）检查电磁喷油器。

4. 检查点火系统故障

（1）高压试火。

如果没有出现火花，则继续检查火花塞。

（2）检查火花塞。

① 目视检查火花塞。

② 检查火花塞电极间隙。

（3）检查点火正时。

① 安装点火正时灯。

② 检查点火正时。

③ 取下点火正时灯。

5. 任务检查

路试检查发动机是否正常运转、车辆驾驶是否正常。

 任务小结

1. 发动机加速不良

汽车加速不良指的就是发动机加不上油，导致故障发生的原因可能是：发动机机械系统故障、供给系统故障、点火系统故障、控制系统故障等。因此，进行发动机加速不良故障检修应包括如下步骤：

（1）检查控制部分故障；

（2）检查机械故障；

（3）检查燃油系统故障；

（4）检查点火系统故障。

（一）课堂练习

1. 判断题

（1）有些情况下,当有故障症状出现时,一定有故障,但不一定有故障码。（   ）

（2）车辆燃油压力读数低就说明燃油泵该更换了。（   ）

（3）无论是指针式万用表还是数字式万用表,均可对电控发动机进行电阻、电压及电流的数据测量。（   ）

2. 单选题

（1）汽车在做检查排放测试时,CO 含量高,氧传感器电压一直都很低,但氧传感器功能却是正常的,产生这种现象的原因可能是(   )。

  A．空气泵在进气处漏气　　　　　　B．燃油泵压力高

  C．空气滤清器滤芯太脏　　　　　　D．喷油器漏油

（2）汽车怠速时测得燃油压力为 261.11 kPa,技术员甲说：在回油管路上燃油受到阻滞会产生这问题;技术员乙说：燃油压力调节器真空管断开可能是造成这个问题的原因。谁说的话是正确的?(   )。

  A．甲正确　　　　B．乙正确　　　　C．两人均正确　　　　D．两人均不正确

（二）技能评价

表 7-8　技能评价表

序号	内　　容	分值	得分
1	检查控制部分故障	25	
2	检查机械故障	25	
3	检查燃油系统故障	25	
4	检查点火系统故障	25	
	总分	100	

(注：操作规范即得分,操作错误或未进行操作即 0 分)